幸せになる働き方選択のススメ

あなたは今の選択に満足していますか？

HY

目次

第1章

はじめに

1　人生の振り返り

1 私の人生を振り返ると遠回りだった

他人との比較を含めて、努力をした上での自分の思い描く現実的な人生の道筋から大きく外れることを「遠回り」と言うのならば、私の人生は遠回りの連続でした。直近の経営を行う立場になるまでは、同程度の経歴を持つ周りの知人と比べて思いどおりの人生を歩んでいる、と思ったことは全くありませんでした。むしろ周回遅れの人生だな、と感じることが多かったです。

私の遠回りは高校卒業の頃から始まります。まずは大学受験に失敗して1年浪人しました。新卒時の就職活動時は失敗して不本意ながら地方銀行に就職。望まない業務に適性が合わないことも災いし、仕事がうまく行かずに不出来な行員に認定されました。次に憧れのコンサル会社に転職が叶い、一時遠回りが和らいだように見えました。しかし重箱の隅をつつく百本ノックの指導を受けて精神崩壊一歩手前までいったこともあり、ここでも評価はあまりよくありませんでした。コンサル会社の後半では良い評価や上司・同僚にも恵まれましたが、基本的には不遇なキャリアを過ごしました。

キャリアの大半を占めるここまでの経歴で、自らの理解と幸せの基準を考えることができていればもう少し近道ができていたかもしれない、と今では感じています。今では、逆説的に遠回りこそが一番の近道であると考えることができるようにはなりましたが。

2 著者の経歴

私は中小企業／個人事業主を中心にスーパーカブ（原付のバイク）で金融商品の営業に回る泥臭い銀行営業から、売上1兆円を超える大企業の新規事業やＤＸといったテーマの経営コンサルティングを行いました。その後、起業・経営の立場になった比較的ユニークな経歴を歩んでいます。

組織の規模（少人数から1万人規模）と雇用関係（雇用される従業員から経営者）の立場から幅広く経験しているが故に、新しいキャリアの考え方の示唆を提供できるかと思っております。

色々な経験をして観点が多いのは、能動的にそういうキャリアを築こうと思ったわけではなく、偶発的に発生、いや遠回りの結果起こったことです。

2　本書を書いた思いと位置づけ

1 失敗談の共有

遠回りの連続だった私のキャリアにおける失敗経験を、読者である皆様にも共有して糧にしてもらいたい、こんな風に失敗していたのか、の実例を知ってもらいたいと考えています。そして同じ過ちを繰り返してほしくない、という思いのもと、幸せな働き方を選択してほしい思いが大きな動機としてあります。加えて、これらの経験を体系化して実践可能な形でお伝えすることで、幸せな働き方を選択するための具体的な道標になるのではないか、そこまでなくともその一助になるのではないか、との考えです。

2 問いかけ

本書の位置づけとして、幸せな働き方を選択できるようにするための唯一の正解を示すものではなく、読者の皆様に問いを投げかけるものです。こういう働き方の考えが良いと思うのだけれど、今の働き方／将来の働き方と比べてあなたはどう思う？　と問う形です。

これは個人個人で働き方に対して異なる価値観を持っていることや、私が示す新しい働き方がやや時代を先取りして今すぐ実践可能な環境にいない方がいたり、精神面が障壁となり決断を踏みきれない方もおられる、趣旨のためです。

3　本書の構成

1 論の展開とメッセージ

本書が伝えたいメッセージ（提言）を一言で纏めると、江戸時代の複業的な働き方に戻れば幸せに近づけるになります。

このメッセージ（提言）を支える4つの下部要素があります。

1. 適職／やりがいではなく、単一or複数の組織所属と雇われor独立の切り口での働き方選

択が重要

自分の性格や気質に応じた適切な職業を選ぶ、及び自分の得意なことと世の中に役に立つ＝やりがいが幸せに繋がるとされてきた昭和と平成の考え方から転換を図り、令和時代は、別の切り口で測ります。ひとつの職場で働くのか、複数の職場で働くのか、の働く先の数の切り口。もうひとつは自分で事業を切り盛りする独立経営者か、企業で雇われて従業員として働く雇用労働者か、の雇用／被雇用の切り口。この２つの切り口が幸せな働き方選択に関して非常に重要になります。

2. その切り口を、人間関係、自律性、自己受容、いきがいの4基準で評価

単一 or 複数の組織所属と雇われ or 独立の切り口を、４基準で評価します。働く上での関与する人間関係の多さによる人間関係、自らが仕事を能動的に進められるかの自律性、自身の欠点や他者と比較した上で自らを許すことができる自己受容、世の中の役に立つ×収入が得られる×好きなこと×得意なことの４つが交わるいきがい、で評価します。幸せに繋がる客観的な基準のデータと、私自身の体験から４基準を抽出しています。

3. 元々日本人は生活の一部として労働を捉え、複業的な働き方をしていた

資本主義社会が根付く明治以前は、家族内で色々な仕事を分担したり、職業を掛け持つ多能工として働いていました。現代でこそ単一の職業や単一の組織で働くことが普通ですが、当時は普通ではなかったのです。労働とプライベートが混然とした状態で過ごしていました。今の個人事業主の方のような働き方のイメージです。

労働と生活を合理的に切り分けない方がよい、ことを指します。

4．日本人は単一組織での雇われよりも、複業の独立人の方が幸せに感じる人が多い

3．で取り上げた働き方をしている江戸時代が、近代以降で民衆が一番幸せに感じていたと言われています。資本主義社会が根付いて以降、分業が進み、時間や成果によって管理者に監督されるようになるにつれて自律性を失い、どんどん幸福度を落としてしまっているようにみえます。令和の環境変化に合わせて現在の資本主義的働き方を脱して、江戸時代の複業的な生活に戻る方が幸せに近づくと考えています。

2 想定とする読者

これまでお話してきたメッセージ（提言）と４つの下部要素を踏まえて、次のような読者に読んでもらえることを想定しています。想定とする読者でなくても日々の働き方を見直す、振り返ってみることに活用できると思っています。

対象

①大学に在籍中の学生（特に3、4年生時の就活生）
②大学を卒業した20～30代の雇われ会社員

対象を選んだ理由

・年代として自分の働く軸が未確定、これからまだ人生を変えられる余地がある
・大学生だと今後の働き方は話題として強制的に考えるテーマである
・特に総合大学だと薄く広く学ぶため専門職に就く可能性が低く、就職の選択肢が多く迷いやすい
・雇われの身だと枠組みが会社から用意され、幸せな働き方を選ぶ／考える習慣が少ない

対象の属性

・どういう働き方が幸せに繋がるか、を考える、もしくは自らにその問いを発したことがない

・親族や知人・先輩に会社員が多いため、疑問なく会社員を選択して漠然と働いている
・多様な働き方の出現、ＧＮＳ情報の渦、比較軸の多元化で、どう考えたらよいか不明瞭
・会社員で安定収入あればよい、適職／やりがいあればＯＫの思考から更新できていない
・現状の働き方で人生を終えるのか、死ぬ時に幸せだったか、と不安を感じている

3 類書との違い、特徴

スキルの身に着け方や職業の移動、加えて自分に合った適切な職業を選んでキャリアを築いていく考え方（例：LIFE SHIFT等）や、会社員と独立の長所・短所比較（例：金持ち父さん・貧乏父さん等）、幸せになるための考え方（例：ポジティブ心理学等）といった今までのキャリアや幸福に関する考え方とは本書は異なります。

それらを単独の項目としての議論に焦点を当てるのではなく、歴史上の労働観から働き方を考察し、２切り口×４基準で評価した働き方から得られる幸福の観点で論じている点が類書と異なる点です。

また、私の遠回りの経験を綴った自叙伝をスパイスとしてまぶしておりますので、理論に加えて厚みを持ったものとしてお読み頂けると思います。

章の構成【図1】

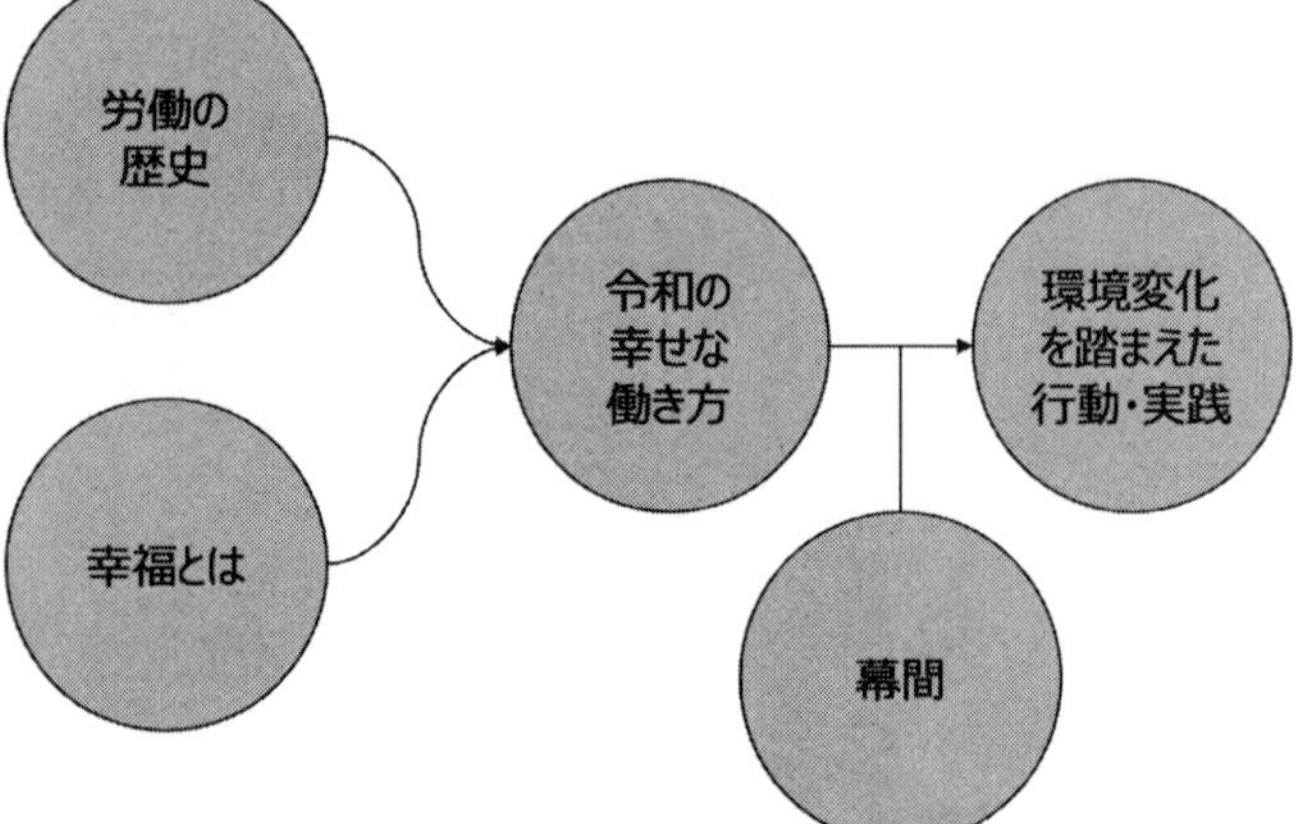

第2章

労働の歴史

1 現代の働き方

1 現代の私達の働き方

現在の私達の働き方／労働に対する見方は、歴史を振り返るとずっと同じだったわけではありません。親の世代と比べて大きくは変化していない、と感じられる方もいると思いますが、1世代単位ではなく、1世紀単位で考えると確実に変化しています。例えば、就業形態としてサラリーマン（会社から雇われて給料をもらう）が現在は多数を占めると思いますが、歴史を紐解くと、サラリーマンは昭和の高度経済成長期以降に爆発的に増えたのです。中世や江戸時代では家族経営や個人事業主の方が圧倒的に多かったのです。思ったとおり、いや意外でしょうか？

仕事は苦しくもあり楽しくもあるのですが、人生の中で他のどの要素よりも圧倒的に長く仕事に費やす時間が長い、です。こう考えてみると、ちょっと立ち止まって働き方／労働に対する歴史的な見方を捉えてみたくなってきませんか。

自分達は現在どんな働き方をしているのか、と問われた時にパッと答えられる人は少ないと思います。自分のことを理解することは大変難しい、と古来の賢人が指摘したように、私達がどんな風に働いているのか／働くことに対してどう思っているかは、自明過ぎて言葉にするのは難しいのです。

現在の私達の一般的な働き方をざっと捉えると、次のようなイメージでしょうか。

・18歳～65歳の年代に、1日の3分の1以上の時間を働くことに費やす
・新卒で一括採用されて、65歳頃に定年が存在する
・雇用契約を結んで従事する労働者で、「時間（9－17時）」に規定されて働いている
・1週間のうち、月火水木金の平日は働いて土日は休む週休2日制
・単一の勤め先に従事する
・他人同士の組織で働く（家族と一緒に働かない）
・生活と分離した会社所有の建物の中で働く（自宅の畑に出勤しない）
・就業時間で規定された時間を超えて残業する
・自分の仕事ではないが、困っている同僚を率先して手伝う
・仕事の役割が契約時に明確に定められていない

今挙げたイメージはいかがでしょうか？ 言われてみるとそうだろうな、というものもあるし、違和感があるものもあると思います。例えば、単一の勤め先に従事する、は考えてみると複数

の会社に勤めることも可能かも、とか普通は仕事の役割って明確に決まっているのか？　とか自分の仕事ではないが同僚を手伝うことって普通じゃないの？　と思われたかもしれません。

第２章では、こうした見方が一般的ではないことを労働の歴史を振り返ることで明らかにしていくことを目的にして展開していきます。

ちなみに、モーレツ社員で日本人は働き過ぎ、のイメージがあることをお聞きになった方もおられると思いますが、そうした日本人の人生を昔の役所である経済企画庁は「三過ぎる人生」、と表現しました。

子供のときには勉強しすぎる、大人になったら忙しすぎる、年をとったら暇すぎる

子供の時には受験勉強で忙しく、大学を卒業すれば趣味もなく仕事一色になり、年をとったら友人もいなくやることもない、の意味を指します。こうした人生になら

就業構造基本調査【図２】

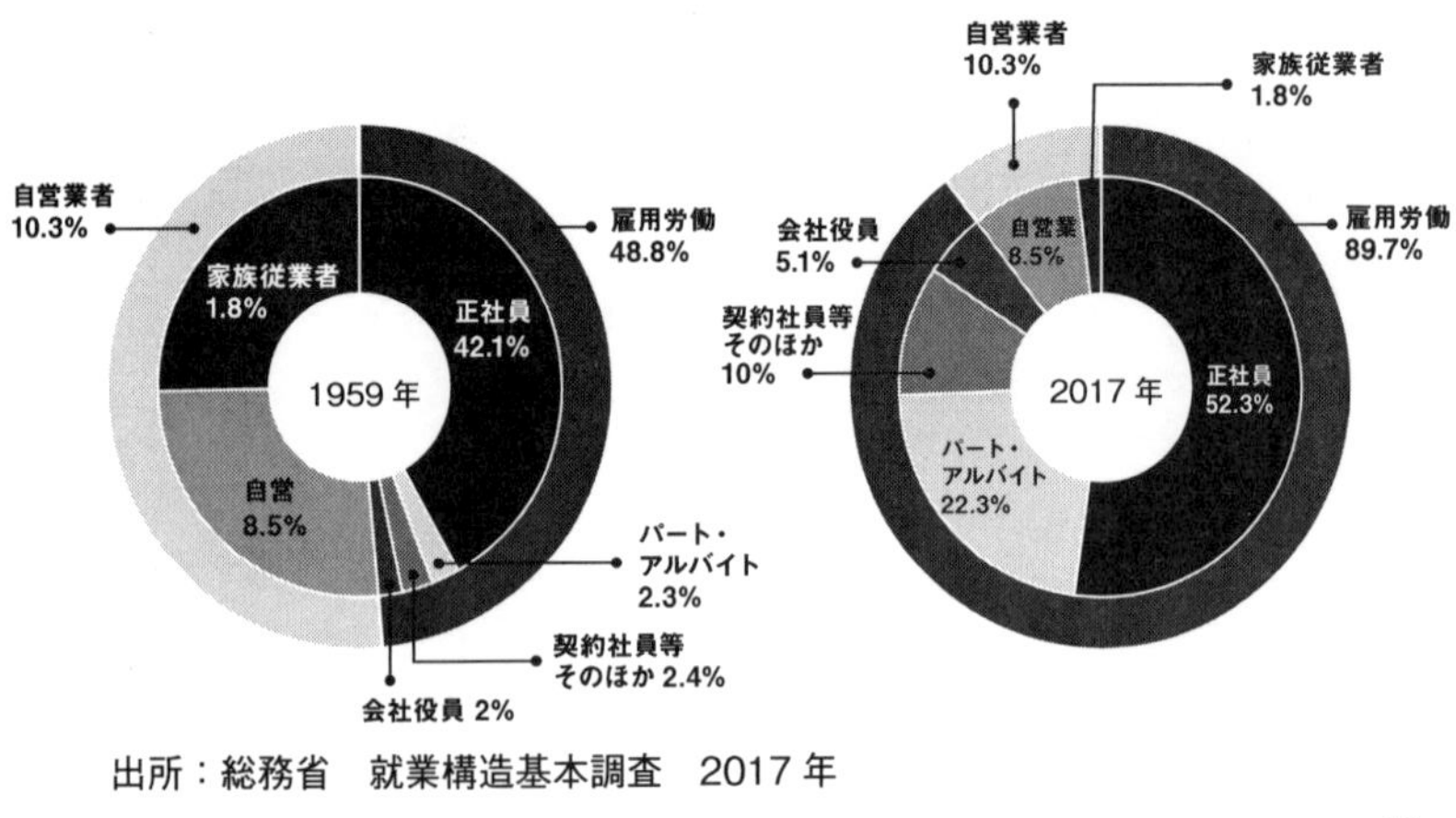

出所：総務省　就業構造基本調査　2017年

ないためにも？　本書で働き方を見つめなおして頂けたらなと思っています。

2 就業形態の構造

就業構造、つまりどのような形態での働き方をしている人がいて、それぞれどれぐらいの比率になっているのかを示すものです。【図2】普段あまり意識されることはないと思いますが、現代の就業構造はどのようになっているのでしょうか。

現在取得できる最新の2017年データ（5年毎に実施）では、日本の66百万人が労働に従事しています。このうち、52％が会社から雇用されている正社員となっています。22％がパート・アルバイト、10％が契約社員、5％が会社役員で占められています。これらは雇用労働者として捉えられ、90％を占めます。反対に、自営業と自営業に準ずると思われる家族従業員を合わせると10％程度の比率です。そうすると、現代では大別すると雇用労働者が90％、自営業が10％の構図になります。1959年時点のデータでは、自営業と家族従業員で51％、雇用労働者は49％でほぼ半々の割合の構図となっています。50年の歳月で比較してみると、自営業から雇用労働への転換が大幅に進んだ（雇用労働：5割→9割）ことが読み取れます。

これは2つの理由があると考えられます。ひとつめは、近代化が進み人口が爆発的に伸びる中で、同一の製品／サービスを大量に求められてきたと同時に大量に生産できるようになり、ひとつの組織＝企業で、少数の経営者とそれに従事するたくさんの雇用労働者、の図式が出来上がったことです。もうひとつは、最初の理由と重なる部分もありますが、人は収入が毎月変動することを望まず、決まった額が毎月得られるといった安定性を求める＝無期限の雇用労働を望む、ことが挙げられます。現代の皆さんも、毎月の給料をベースに各種の支払いや貯金の設計をされると思いますが、毎月収入が変わる、極端に言うと収入がゼロの月があってもよい、と考える人は比較的少数なのではないかと思います。これは日本だけでなく、世界的にも同じで、近代化が進むほど雇用労働者が増える傾向にあります。

このデータを見るに、現代の我々が働くといえば、会社から雇用された正社員として働く、とまず発想するのは何ら違和感のないことですが、50年前は過半を占める形態ではありませんでした。

3 労働の仕組み／慣行

現在私達は、どのような労働の仕組みの中で働いているのでしょうか。これから述べる慣行も社会の歴史の中で培われたものであり、現在の労働慣行は、１９６０、７０年代以降に確立されたもので、まだ50年足らずの歴史です。

まず、３種の神器が挙げられます。ひとつめは、「終身雇用」。企業で採用されたら、最後まで労働者を雇用し続けることを保障します、を指します。最後まで、というのは、定年（＝65歳頃）までになります。これは企業毎に定年の年齢が異なったり、一旦退職した後の再雇用の形もあります。（これは一部の大企業に限られる話で、中小企業では普通にリストラがあります）そのため、終身雇用と定年はセットで運用されるものです。

次に、「年功序列」。これは年を経れば経るほど経験が増えて熟練するため、年齢や経験年数に応じて地位や給料を上げていくものです。最近では知識労働が増えたり、掛けた時間に対して成果が比例しないケースが出てきたりして、経験を積んでも成果に繋がらないケースも多く、成果主義を取り入れたりする企業も多いです。しかしながら、成果主義は日本人の文化に馴染まないからか、なんだかんだで年齢が上の方が企業の要職を占める姿になっており、依然としてこの概念は重要だと思われます。

最後に、「労働組合」。労働者が主体となって自主的に労働条件の維持・改善や経済的地位の向上を目的として組織する団体のことです。雇用主よりも立場の弱い労働者が多数で団結することで、雇う側と対等な立場で交渉を行います。全国の労働者の６人に１人が加入しており、中小企業より大企業の方が加入会員は多いです。

その他は、「新卒一括採用」が挙げられます。大学を卒業した就業経験の無い学生を企業が一斉に採用し、企業側が長期的に育成していく日本独特の仕組みです。大量生産／大量消費の時代には、仕事のスタイルが確立していない真っさらな学生を一定の型で一括して育てるやり方が機能しました。他特徴的なのは能力主義です。これは職務で人を採用、契約するわけではなく、人の能力で給料を決める考え方です。専門的な職務／役割で限定された短期的な契約関係ではなく、人の能力を長期的かつ全方位的（＝ジェネラリスト）に伸ばしていく考え方です。

何者にも染まっていない白いキャンバスの学生を一括して雇って一定の型で教育し、ジェネラリストを養成。習熟度が企業の業績と連動するため、年を取るほど偉くなる年功序列と定年制で65歳まで正社員労働力を囲い込む。こうしたやり方が日本経済を世界第2位に押し上げた要因のひとつと言えます。

更に、定期人事異動もあります。これも能力主義と全方位的な教育に繋がりますが、職務をベースに人を雇っておらず、どこの部署に配置しても全方位的に活躍してもらおうとする人ベースの考え方です。ある経理課長は、会社全体で定義する課長相当の能力を保持していると考えられ、未経験の部署、例えば営業部に移っても課長として従事できます。課長ランクは変わらないため、給料も変わらず、異動を命じられる側も人事異動を比較的容易に受け入れられるようになっているのが特徴的です。本来の能力主義では、異動後に課長ランク相当の能力が無ければ降格させる運用が重要とありますが、日本企業ではそこは形骸化しているようです。

最後に大部屋オフィスを取り上げます。欧米の個室で執務するスタイルと異なり、壁や仕切りが無く10人以上が同じ空間で机を並べて仕事する空間を指します。これは、人ベースの能力主義やジェネラリスト育成と繋がりますが、各人の役割が不明瞭で部屋の空間の範囲がそのまま仕事の最小単位の役割となっている思想が表れています。例えば営業部での20人の大部屋オフィスがある場合、営業部単位での役割はあるが、営業第1部10人、第2部10人の1・2部のそれぞれの役割は曖昧となっているイメージです。

4 労働に対する日本人の態度

現在の私達は、労働に対してどのように感じている、どう働いているのでしょうか。次に述べる労働観がどういう背景で出来上がったのか、変遷していったのかは後ほど述べるとして、まずはどのようなものがあるかを見ていきましょう。

まず真っ先に思い浮かべるのが「勤勉・真面目」ではないでしょうか。真面目にコツコツと働くのが私達日本人の特質だ、と考えることが多いです。親の世代からも一発逆転を狙う、楽しようとせずに、真面目に汗水流してコツコツ働きなさい、と言われることがあると思います。

また、飲食店等の行列で、一糸乱れずに列を形成する姿はルールを逸脱しない、愚直にこなす、という暗黙の日本人の性質を表しているのではないでしょうか。

次に挙げられるのが、「集団精神と排他性」でしょうか。集団を作って自分達以外の集団を排除する。海外に日本人が留学すると、日本人同士の集団で固まって外国人を寄せ付けなかったりすることを指摘されたりします。また、学校や企業、政治の中で派閥といった同じ思想や考え方を持った人達で集団を形成するのを好む特質があると思われます。人が多い企業だと、××派閥、××部長派、というのが自然に形成されますが、この特質が表れていると思います。内と外の境界線をはっきりと意識して内は仲間、外は敵とみなす、のような言い方もできるかもしれません。

そして、「帰属意識による忠誠／奉仕」も挙げられます。特に企業で働く際には、契約よりも所属という意識（就職ではなく就社）が求められると思います。所属することは家族を意味します。家族全体の盛衰が自らの盛衰にも繋がるため、組織への一体化、忠誠心を要求される構図になります。その中で組織からの御恩には奉公をもって報いる考え方になります。会社を辞める際に、裏切るのか、と言われたりするのは、会社に所属している家族という意識が前提としてあるから、と考えられます。

これらの日本人の国民性は、令和の時代に入り一部崩れてきている部分はありますが、凡そは根底として通用すると思われます。

この国民性の結果生じる事象が、低い転職率と長時間労働です。先ほども申し上げたとおり、高い帰属意識と忠誠心で形成される企業は、転職する者に対して裏切りのイメージがあります。結果として転職が憚られて転職率が低く推移していると考えられます。現在では、キャリア選択の考え方が柔軟になってきていることもあり、雇用の流動性は高くなっていますが、歴史の長い大企業ではまだまだ転職率は低いです。

また、真面目で勤勉過ぎるが故に、長時間労働を誘発してしまっていることも否めません。仕事が契約で限定されているわけでもなく、家のためには身を粉にして働く意識が動くため、結果的に長時間の労働、及び過労死といった事態が起こってしまっていると考えられます。周りの目を気にする、日本人の特性からも、残業している同僚や上司がいれば自分も残業しなければ、という感覚になる部分もあると思います。

2 言葉の定義

1 仕事と労働／労働の定義

労働を、辞書を用いて定義を確認すると、

①身体を使って働くこと。特に、収入を得る目的で、身体や知能を使って働くこと。

②経済学で、生産に向けられる人間の努力ないし活動。自然に働きかけてこれを変化させ、生産手段や生活手段を作りだす人間の活動。

とあります。

「労働」の字のうち「働」は和製漢字であって、中国本来の漢字ではありません。労働の字は近代化の進んだ明治時代以降の産物で、日本人はまだ100年程度しか使用していません。労動の方が意味が広く、身体を動かすこと、あるいは単にはたらく、という意味です。一方で労働は、骨折って働く苦痛を伴うものという意味が含まれています。

近代化が進む中で、労動という意味で単にはたらく、との意味が変化し、明治時代以降の大量生産の工場で分業して時間に追われるような形でできれば避けたい、給与を得るために余儀なくされた非自発的な概念と捉えられるようになって労働という言葉に変化したと考えられています。近代化以前では、労働は生活の一部であり、家業であり、人との社交でした。全てが混然一体となった形でされていたのですが、工業化で労働だけが切り出され、生活と別物になり、機械的な活動に変化していったと思われます。

ここからもわかるように、「労働」の言葉ですら決して時代を超えて普遍的ではないことがわかります。

3 日本人の根底思想

日本人の労働観に影響を与えてきたものとして、宗教の影響が物凄く大きいと考えます。日本人は無宗教だ、と自覚することが多いと思いますが、現代の私達は３つの宗教の影響を色濃く受けています。この章の後、中世や江戸時代、明治以降の労働の変遷を見ていきますが、それらの変遷の積み重ねよりも宗教が土台となると考え先に整理します。神道と仏教と儒教の３宗教をこの章では取り上げます。

1 神道・仏教・儒教とは

■神道

神道は、日本人の誕生とともに現れたとされる日本発祥の宗教です。釈迦やイエス等の開祖はおらず、聖書等の経典も存在しません。そのため明確な教義（教え）も無く、後述する他2宗教に比べるとイメージが湧きにくいかもしれません。唯一身近に感じるのは、神社でしょう。初詣に行く際に皆さん神社に出かけると思いますが、神社は神道の宗教施設です。明確な教えが無いなら、どんな宗教か理解しづらい、と思われた方もいると思います。神道は、全ての万物に神が宿る八百万の神々を尊び信仰する、という多神教の考え方です。仏やキリスト、木や石や海等も神々として崇める。複数の異なる神や宗教を共存させることに抵抗感を持たない宗教観なのです。この日本独特の宗教観は、日本列島の自然環境にあると言われています。春夏秋冬があって、毎年台風が訪れ、地震も多い島国で、自然に恵まれているが、同時に自然の脅威にもさらされています。こうした自然現象は、それぞれを司る神様の為せる業、と考えられるようになったと言われています。

■仏教

仏教は、インドの王子だった釈迦が悟りを開き、仏陀となって教えを説いたところから始まります。日本にはインドから中国、そして百済を経由して6世紀前半頃に伝来し日本仏教として開花していきました。身近には、仏教寺院の宗教施設が挙げられます。釈迦の悟りに至る問いは、苦しいことばかりの世の中で、どう生きていけばよいのか、でした。人間は自己の存在に執着し、矛盾や誤解、抗争を生み出す。それを乗り越えるには執着を捨てて、悟りを開かなければならない。それが苦しみの多い輪廻転生の輪から抜け出す唯一の方法である、のが元々の教えです。日本仏教の教えとしては、2つあり、「死者供養」と「現世利益」です。前者は死後には安らかな世界があり、そこに行く方法がある、後者は、この世で受ける息災、延命などの仏／菩薩の恵みが仏教を信じることで得られる、です。

■儒教

儒教は、中国の春秋時代の魯国に生まれた孔子が説いた、宗教よりは人生哲学的な教えです。513年頃、百済から五経博士が来日して日本に伝わりました。神や仏等の絶対者ではなく、先生的な立場から、人間は不完全な存在であるから人間はどう生きるべきか、を説きます。具体的には、天を敬い、祖先を崇拝し、仁にもとづいて道徳的秩序を保ちなさい、と説きます。

仁は人を愛すること、で自己中心的にならず他者に忠（真心）と恕（思いやり）を持って接することを指します。経典である四書五経のうち、論語が最も有名です。現代でも通ずる倫理道徳の考え方として五倫五常の中の、君臣の義（主君と家臣は道徳にかなう結びつき）・長幼の序（年長と年少には序列がある）があります。また、日本では聖徳太子の冠位十二階に影響を与えたり、江戸時代には国家統治のイデオロギーとして儒教は位置づけられます。

2 3つの宗教は労働に影響を与えている

私は、３宗教と現代の労働観は密接な繋がりがあると考えています。まず日本人の全ての根本の労働思想は古代神道にあると考えます。神道では、労働は尊いもの、賛美するものと捉える労働神事説の考え方です。神が農作を農民に依頼して労働を行う、それが神に仕える意味を成すのです。そんな尊いことを行うことは、結果的に日本人は労働が好き、できるだけ長く神に仕えた方がよいことになります。また、地方に残る神々への感謝や五穀豊穣の祈願などの儀礼は、穀物は種として死に、それがやがて芽吹いて実を結ぶ命のサイクルを表現しており、自らを犠牲にして他者を活かす考えも根付いていると考えられます。これらが現代の勤勉や真面目、滅私奉公、長時間労働に繋がっていると考えられます。

この神道の考え方の上に、仏教と儒教の考え方が積み重なっていると私は考えています。【図3】単純に神道の方が日本人の歴史の中で経験が長い、ということもありますが、労働の話に関わらず、複数の概念を混ぜこぜにすることに抵抗感が無い土台が神道にあってこその仏教と儒教があると考えています。

さて、仏教ですが、労働に対しては、卑しいもの、とまでは見ていませんが、好ましいとする教義は存在していません。ではどう捉えたのか。働くことは何なのかの意義付けを行いました。働くとは「知識」の提供が意義であると捉えました。知識は仏教用語で、人が持っている信仰、労働、技術の諸能力をよき目的のために提供することを意味します。奈良時代の大仏建立の際に、この考え方により働く意義を人々に会得させました。そ

3宗教の関連図【図3】

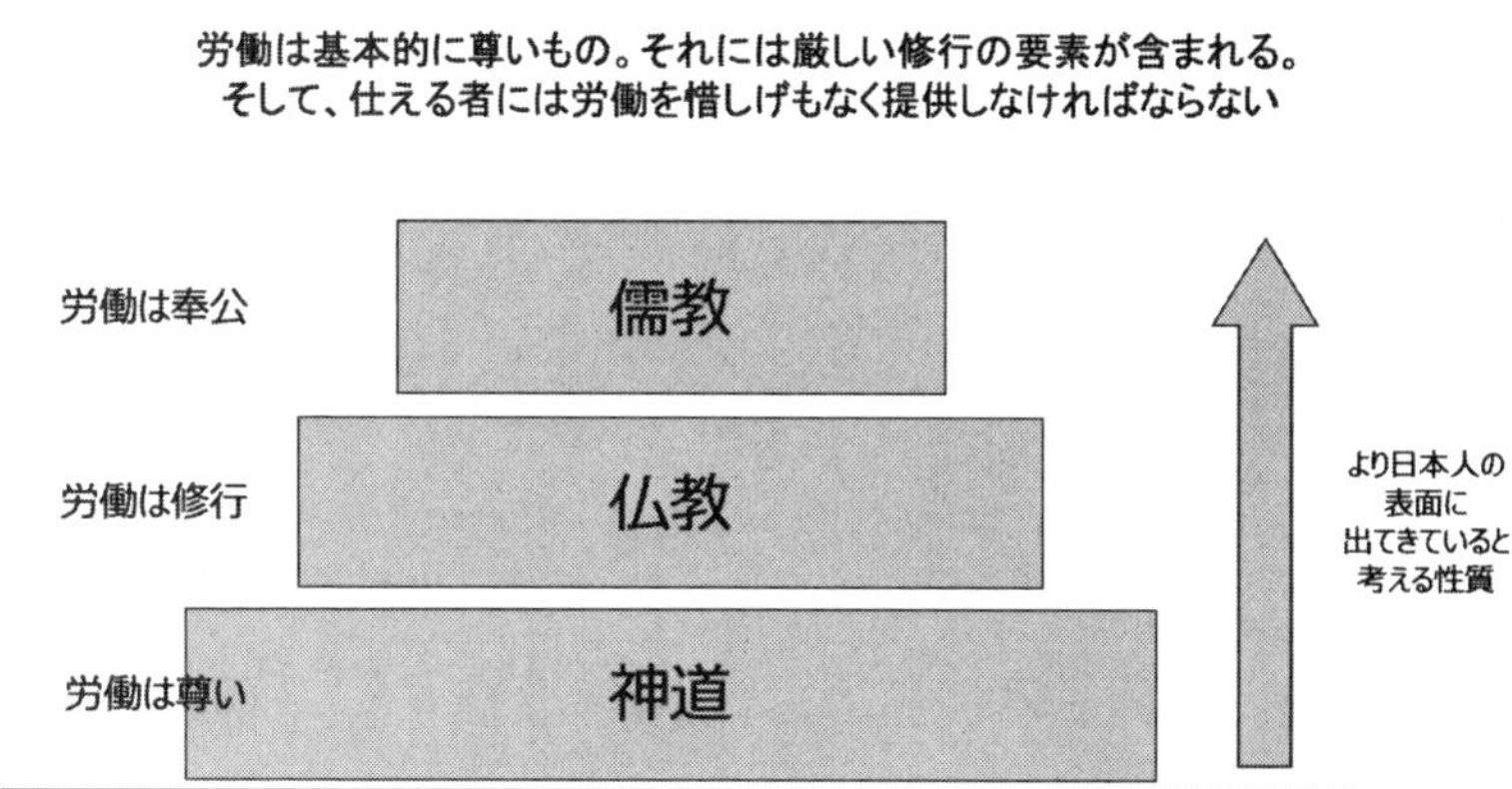
労働は基本的に尊いもの。それには厳しい修行の要素が含まれる。
そして、仕える者には労働を惜しげもなく提供しなければならない
労働は奉公
儒教
労働は修行
仏教
労働は尊い
神道
より日本人の表面に出てきていると考える性質

各種文献をベースに著者作成

れに加えて、労働は修行であり、強制ではなく、自由に他者に奉仕しうる仕事に従事することが最も人間にとって至福なこと、それが自己救済に繋がる教えを説きました。自分の意志で進んで他人に役立つことをすることが重要で、少なくとも報酬だけを求めることに目的を置いた働き方をさほど評価しないのが仏教です。肉体労働と人格修業が一体となったもののようです。これにより、お金よりも無償奉仕が好ましいとする特性が生まれ、職場で他人を無償で手伝う、残業代をもらわずとも働く、という意識になったと思われます。

江戸時代に確立された御恩と奉公の儒教の考え方は、色濃く現代にも反映されているのではないかと思います。その考え方は、個人は所属する集団の存続のために労働を提供し、侍は君主のために、農民は地主のために、職人は親方のために、町人は旦那のために骨身を惜しまず働くことは最大の美徳、です。ここから、仕事中心主義、帰属意識、労働の美徳といった規範や価値観が根付いたと思われます。現代の企業に置き換えると、従業員が忠誠、服従、貢献などの奉公をし、経営者が終身雇用や年功序列として御恩を与える形になっています。

4 中世の労働

労働の歴史を遡って振り返っていきます。どこまで遡るかですが、古代以前まで遡ると文献が乏しく、存在したとしても働き方の記述に関してはほぼ無いため、中世から始めることにします。江戸時代以前は、日々を生き抜くために働くことで精一杯で、自分達の働き方を表明・記述する余裕や時間が無かったため、言語化された文献は江戸時代よりも乏しいです。

1 中世は一言で表せられない

まず、中世は鎌倉時代から安土桃山時代辺りを指し、平安時代からの荘園制から封建制に切り替わる

支配制度の遷移【図4】

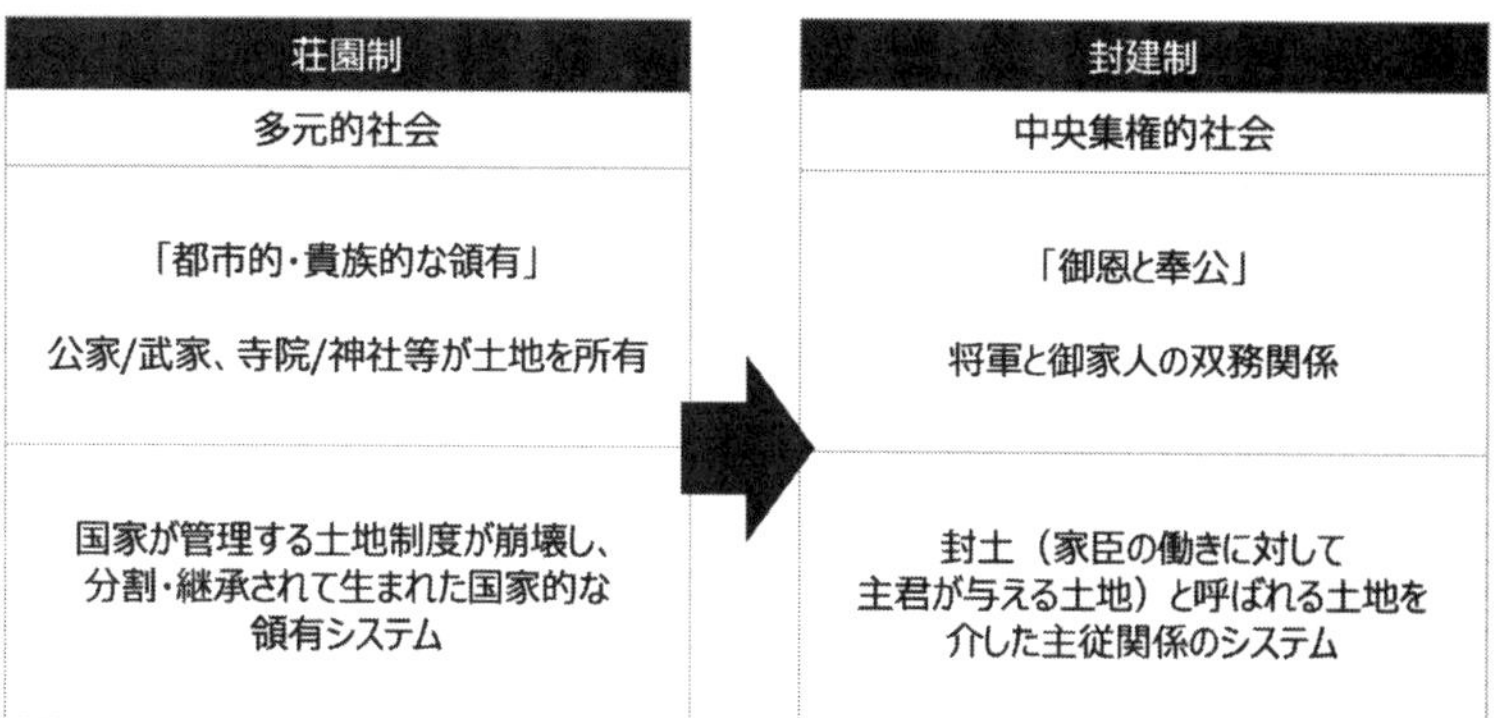

荘園制
多元的社会
「都市的・貴族的な領有」
公家/武家、寺院/神社等が土地を所有
国家が管理する土地制度が崩壊し、分割・継承されて生まれた国家的な領有システム
封建制
中央集権的社会
「御恩と奉公」
将軍と御家人の双務関係
封土（家臣の働きに対して主君が与える土地）と呼ばれる土地を介した主従関係のシステム

各種文献をベースに著者作成

時代でした。【図4】鎌倉時代以降は、天皇が治めるも世の中の治安が悪い状況でした。そこで征夷大将軍（武家政権の首長）が率いる軍事政権を設置し、朝敵（天皇及び朝廷に敵対する勢力）を退治して治安を守る政権のもと、治安維持の要因として全国に守護・地頭（御家人）が置かれました。御家人は、荘園の治安維持を行う、土地の管理や年貢の徴収の役割を担いました。これらが将軍と御家人の仲立ちとして御恩と奉公の主従関係が生まれました。

中世社会は、江戸以降の時代と違って明確な印象が無く、曖昧としていると思います。一言でいうならば、「中世は多元的・分権的」です。武士や公家、寺社、職能民など多様な社会集団が社会秩序や文化を生み出す地方・地域社会が成長を遂げた時代だと言われます。公家×寺社×武家がそれぞれ依存しながら国家の機能を分担していました。そして特徴的なのが、古代の「氏」から「家」への転換です。氏は同族集団なのに対し、家は親子によって構成される日常生活の単位です。家独自の財産を所有・管理し、政治的な地位や職掌も家ごとに決まり、父から子へ継承される姿となりました。武家政権も家の連合体で、将軍の家と武士の家が主従関係によって結ばれる関係でした。中世の後半に、豊臣秀吉の検知（全国の田畑の面積や収穫高を正確に調べ、農家がごまかせないように年貢を取り上げた）刀狩（検地を行って確実に年貢を取れば、農民は怒って一揆をするだろうと考え、農民から武器を取り上げた）で支配体制が定まり、兵農分離による農民支配が完成。それが徳川の幕府藩体制に移り封建制が確立します。

2 百姓×小事業主が多い

中世の労働者は、ほとんどが百姓でした。土地が貧しいので、何代も同じ土地を耕すことは難しく、移動しながら耕す畑作中心で行っていました。日本は山岳地帯が多く稲作ができる土地が広くなく、かつ畑作だけで生活するのは稲作より広い土地が必要でした。中世の百姓は、百の姓（かばね）と言われるように、農業以外の生業、商人や職人を兼務していたと考えられます。商人や職人は、「座」と呼ばれる同業者組合を結成し、自分達の権益を守るように働いていました。農村においても、農作業のみならず、独自の掟を決めて村の治安維持や年貢の納入に共同であたるようになっていました。武士が台頭して戦争が絶えない中で、村の住民は一致団結することで村は単なる生活の場を超えて、中世という厳しい時代を生き抜いていました。

とはいえ、中世では経済的に未成熟な状態だったので、雇用労働の機会は限られていました。商品流通に携わる商品や商品加工を行う職人はいるものの、ほとんどが小事業主的で、家族経営の規模に収まった働き方をしていました。

3 戦争が普通の生活で生きるために働く

中世の時代は、最大の支配者が武力を持つ武士であり、戦争が日常的に行われていたため、庶民の生活はいつ戦に巻き込まれるかわからない状態でした。少なくとも5年や10年先のことを考えられるような時代ではありませんでした。こうした世の中では、主君を持つ武士のみが戦うわけではなく、雇われ傭兵の雑兵が多くいました。傭兵は、平時は百姓として暮らしていました。百姓はこの傭兵として働くことで生活を補填することができ生きていくことができました。凶作や飢饉があった中で、農耕による食料生産が安定せず、戦争自体が生きていく手段のひとつとなっていました。

こうした状況で労働に対して人々がどう思っていたのかは明確ではありません。農耕がメインで簡単な商工業を営み、かつ戦争が常態化している状況でした。その中では、労働は苦痛であるとか楽しい／つらいといった感情は無く、ただただ精一杯日々を生きることに必死、の心境だったと思われます。農耕が主体となる時代は、作物の種まきや収穫の関係で、春夏秋冬の1年を円環的に感じていたと言われています。現代のように将来に向かって時間が続いていくわけではなく、1年が終わったらまたスタートに戻る、という感覚です。労働が40・50年単位で人生の大半を占める形で続くと思う現代の我々は労働を重く辛く感じてしまいますが、この時代の人々は1年でリセットされるので、時間的な要素からも労働自体が辛い／楽しい、という感覚は無かったと推測されます。

5 江戸時代の労働

1 庶民を統制する支配設計

江戸時代は、豊臣秀吉の支配体制を更に強化したもので、藩を単位とし幕府が強力にこれを統制する集権的封建制でした。封建制は、土地制度を基本とし、土地の統制の重点を置く重農主義（大名との土地を仲立ちにした再割り当てシステム）のことを指します。米の年貢による税収の安定のため、幕府が特に力を入れたのが農民統制でした。いかに人々に夢を見させない安定した体制を作るかに、に腐心した時代だったと言えます。下剋上が常であった戦国時代の織田信長、豊臣秀吉のような人物を出さないように、大名に対しては幕府に対して従わない姿勢を見せれば容赦なく処分する（お家取り潰し、領地削減、領地配置換え）ことで幕府の権威を見せつけました。大名の妻や子を江戸の屋敷に住まわせ、大名自身は1年間江戸で暮らして領地に戻り、翌年再び江戸に向かうサイクルを繰り返させる参勤交代もそのひとつです。

一方で庶民に対しては、士農工商といった封建的な身分秩序を作り上げました。とはいえ、徳川家康の言葉として知られる「百姓は死なぬように生きぬように」、との思想から夢は見られないが生活はできる水準での年貢や仕組み、例えば領主から逃げる権利、領主に直訴できる権利などを定めました。

尚、江戸時代の封建的な幕藩体制で厳しい身分制度に縛られている印象が現代の我々には強いと思います。教科書で学ぶ法令・制度（田畑永代売買の禁令、禁教令、生類憐みの令、出版統制令、異国船打払令）の記述も多いためです。しかし法令は社会に起きる現象を抑えることに発出したのみで、実際の処罰は無かったと言われています。また、身分秩序はあったものの、厳格な運用はなされていなかった模様です。というのも、士農工商の言葉は、厳格な序列を示すものではなく、世の中のあらゆる職業という意味です。士と農工商には階級的な差はありますが、農工商の中ではなく、農工商の移動も比較的容易だったと言われています。

但し、基本的には前世の行為の結果、この世に生まれた状態が決まる、という仏教観の考え方なので、不平・異議を申し立てることは意味をなさず、できることといえば、今の世を充実、先祖から受け継いだ家業を絶やさず継続していく意識は強かったとみられます。

江戸の主役は、中世の名主大家族ではなく、生産の単位である世帯の百姓でした。百姓は自らの所有地で計画を立てて田畑を経営し、町人は自らの資金と才覚で商業を動かしていました。百姓子弟は読み計算をし、諸国への旅行を楽しんだり、比較的元気に暮らしていることが多かったそうです。江戸時代の百姓は重税や厳しい法律に苦しんでいるイメージがありますが、そうではありませんでした。

2 平民は自営業で時間締切の概念は薄い

江戸時代の働き方を述べるにあたり、おおよそどんな人々を中心に論じたらいいかをまず整理します。中世では、ほとんどが百姓であったかつ文献が無いことから省略していました。正確な人口調査を当時行っていたわけではないので推定込みにはなりますが、１８７０年頃（明治2年）の藩制一覧表を元に江戸時代末期の身分別人口を見ると、平民が9割近くを占めます。華士族が6・4％、神官僧尼は1・24％程度となっております。そうすると、江戸時代は平民（農民・商人・工業職人）の暮らしぶりを参考にすればよいことになります。

平民の就業形態で最も多いのは自営業で、次いでパートやアルバイトなどの日雇い労働者に似た存在が占めました。正規雇用はそもそも少数派であったようです。【図5】現代では珍しいかもしれませんが、自営業が一番多かったのです。なぜこういうことになっているか、というと、ビジネスの市場規模がそれほど大きくなく、ひとつひとつでは十分に成立させることが難しく、専属的に従事することができなかったことが挙げられます。そのため、他の職業と分離しては生計が成り立たなかったのです。ほとんどの人がマルチワーク（多就業）を営んでおりました。どういう職業かというと、大工、鍛冶屋、紺屋、酒屋、質屋、髪結、宿屋、湯屋、村外から仕入れた商品の小売販売、など多種多様でした。特に江戸は木造建築が多く、火事が頻発しており、かつ日銭を稼げる大工が多かったようです。職業が多様な一方で、幕府としては、経済の根幹である年貢の米が少なくなって

江戸時代の人口　藩制一覧表【図5】

身分別人口

	人数	比率
華族	2,251	0.01%
士族	1,094,890	3.64%
卒	830,707	2.76%
神官	146,950	0.49%
僧尼	227,448	0.76%
平民	27,265,638	90.62%
穢多	443,093	1.47%
非人	77,358	0.26%
死刑	1,066	0.00%
合計	30,089,401	100%

1870年ごろ（明治2年）
藩制一覧表（＋大蔵省や内閣の保蔵記録で欠を補って作成、人口の1割弱が不明だが総体の比率は十分に知ることができる）

職業別人口

	人数	比率
農業	15,206,938	79.2%
工業	671,692	3.5%
商業	1,267,401	6.6%
雑	1,751,301	9.1%
雇人	300,414	1.6%
合計	19,197,746	100%

明治4年の新戸籍法によって調査された明治6年の人口調査によるもの

出所：近世日本の人口構造（関山　直太朗）2013年

は立ち行かなくなるので、農間余業と呼ばれる副業を生業とする百姓が増加することに危機意識を持ち、副業を禁止するお触れを出していたそうです。このお触れを破ることによる罰則は無かったようです。

働く単位、を次に紹介したいと思います。これは現代とはかなり異なるため違和感があるかもしれませんが、近代化の進む明治以前では、労働者は「課題単位」で働いておりました。現代では、「時間単位」で働くことが多いと思います。時間単位とは、全ての仕事に対して、時間を起点として始める／終わる、を指します。9時に就業を開始し、12時頃に休憩し、17時頃に終業する。どれぐらいの時間で仕事を終わらせるか、間に合わせるかといった時間が基準となった働き方をしています。江戸時代はそうではありません、「課題単位」です。日が昇って朝の課題を片付ける、日が傾いたら課題を片付ける、夜になったら仕事をやめる。課題が終わらなかったら続くし、終われば仕事を終えてしまう。ここには、遅刻や期日といった概念は無いです。

もうひとつ大きな特徴として、江戸時代の頃は社交と労働が混ざりあった形で仕事をこなしていました。現代ではプライベートな生活と労働は完全に切り離された状態になっていると思います。家族ではない他人と働く、自宅ではない空間の場所に通勤して働く。時間が到来してその場所から出るとプライベート。江戸時代では労働をしながら家族や近隣の方と喋ったりして労働していました。この頃に日本に訪れた外国人からは日本人は遊んでいる／サボっているように見えた、ということです。労働とプライベートが雑多に混ざり合っていた社会では、社交しながら労働していました。現代のオフィスで、同僚とぺちゃくちゃと喋りながら労働をする姿は想像できないことです。どちらかというと黙々と仕事をするスタイルが奨励、もしくは正しいと思われていると感じます。

3 運命で人生は決まる

江戸時代において、自らの労働をどう捉えていたかの文献は中世と同じく乏しいのですが、日本に渡来したヨーロッパ人が多く記述を残しています。それによると、貧農が多く身分の差は激しいが、農業を愛し、農民としての楽しさ／安らかさがあって労働を楽しんでいる、と映っていました。日本人が腹の底では本当にどう思っていたかは不明ですが、外国の人から見ると農民は楽しく仕事に勤めていたようにみえていたようです。

労働者自身の労働に対する意思表明は少ないのですが、封建期におけるあるべき労働の意義を説き、労働生活はかくあるべしという社会教育的な労働観はありました。これは幕府の政策として、農民・百姓は専ら封建経済を支える中心的労働力であり、その上納する年貢が幕藩の財政を支える柱なので、百姓階層は士を除く生業の最上位で、農は国の本、という教説により勤勉さが要求されました。自立した小農として従順に年貢を納め、勤勉に耕作に励み、作物の成長と収穫の豊かさを喜び、自然にならい、これを楽しむ生活があるはずだ、との規範を教示しました。また、商人や職人の労働観も心構えとして存在します。商人は、「堅固、質実、倹約に努めるべし」、職人は徒弟制度のため、「親方に対する奉公を行い、独立した後は家業を守るべし」、がありました。

また、下は上に従うべし、との儒教の長幼の序の思想も、幕府の治世の道具として利用されました。戦国時代に戻ることを恐れていた幕府は、自らに牙をむく勢力や治安を悪化させる無法者を抑えたいと考えました。しかし、軍事力の増強、厳格な法の整備は、人員も経済的余裕もなく、各人の発想を一定の方向に誘導する教育的な統治の方法をとりました（治教一致）。即効性には乏しいが、定着すれば心強い。江戸の治世250年はこのような思想のおかげで続きました。こうして仏教の影響が表舞台から後退し、論語や儒教が定着していくことになりました。

現代の考えでは自分の職業や生き方は自分で決める、のがスタンダードだと思いますが、江戸時代は違いました。どのような環境に生まれたかによってほぼ自動的に仕事が決まってしまう、先世の因果が巡ってくる、という考え方でした。運命で人生が決まる。当時生きていたほとんどの人に共通する考えで、疑問を差し挟む余地なく、思考停止せざるを得ない状況でした。前世を変えることはできないので、この世に生まれた時の状態に異議を申し立てることは全く意味を為さず、できることといえば今の世を充実させ、来世の徳を願うことだけ、が基本の考え方でした。「家」の存続、も強い価値観で、先祖から引き継いだ仕事を、永続的に維持していくことこそが無上の価値観という下敷きもありました。

6 明治以降の労働

1 富国強兵、普通選挙、GDP停滞

明治に入ってから新しい国づくりが始まりました。天皇中心の中央集権化と富国強兵化を作るために、江戸幕府の政治や身分制度のやり方を解体します。価値の変動する米から金で納税させる地租改正や、円・銭・厘を単位とする十進法の貨幣制度の採用、主力輸出商品であった生糸の増産を目指して富岡製糸場を設立するなどの殖産興業政策により欧米列強をモデルにした産業の近代化を大急ぎで進めました。身分制度の改革の中では、平民でも苗字を名乗ること

を公認し、異なる身分間での結婚や職業選択、移住の自由を与え、四民平等をもたらしました。

大正や昭和は、民衆の自由や権利の拡大を求める政治意識が高まる大正デモクラシーの動きにより普通選挙が実現し、政党政治の時代が訪れます。それとともに、労働争議や小作争議、女性の社会進出が盛り上がりを見せるようになりました。戦争がはじまると国家総動員体制がとられ、全国民が戦争に協力する体制になりました。経済では、第一次世界大戦の後の好景気によりにわかに富豪になった成金が生じた大戦景気が終わると、日本は慢性的な恐慌が続くようになります。その後、満州事変から日中戦争、太平洋戦争と長い戦争の時代に突入します。

戦後は、連合国の占領を受けることになりました。GHQ（連合国軍最高司令官総司令部）による米国への反旗を防ぎ社会主義国家への参加を防ぐための非軍事化と、財閥の解体と農地改革の民主化政策がとられ、これとともに新憲法を制定します。そして社会不安が続く中、庶民達は必死に復興を目指し、高度経済成長の時代には家電や自動車が急速に普及する消費社会が訪れました。経済は、戦争で壊滅し、悪性のインフレに悩んだ日本経済でしたが、朝鮮戦争の特需により好景気に転じ、高度経済成長を経るも、バブル経済の崩壊以降、長期の停滞にはまります。

２００８年が日本の人口のピーク（1億2千8百万人）に到達し、そこから徐々に人口が確実に減っていく時代になりました。その時代までは、特に明治維新後の爆発的に人口が増えている期間は、「集団で一本道を登る時代」、いわば人生の楽しみや幸せの追求手段は、ある程度似通った時代でした。しかし、平成から令和にかけて、GDPの成長がほとんど無い停滞状況の中で、収入を上げる・成長することを優先的に選択する時代では無くなっていきました。令和ではどう生きるかのグランドデザインが問われる時代になったと言えます。

②身分差別、労働基準法、雇用の流動化

戦前（明治／大正）

明治に入ると、江戸時代の制度を解体するように動きました。江戸時代にあった奉公人・職人・親方制度などは工場労働が始まったことで崩れました。特に明治の前半は、工場や鉱山などの大規模な作業場所で囚人労働が多用されました。その過剰労働のせいで労働にはマイナスイメージがつくようになりました。結果的に、江戸時代よりも労働時間は増加したと言われています。直接生産に従事する労働者の労働条件が低下し、労働時間の長さ、深夜残業が社会問題化。その後1911年の工場法の制定で幾分かの労働に関する規則・ルールが確立することになりました。江戸時代までの課題本位の働き方は鳴りを潜め、時間単位の働き方が本格化し、時間厳守の働き方で遅刻が誕生し、成功は時間で測られる感覚が定着しました。工場では、効

率的に分業を組織し、協業を円滑に行うために、人々の働きが解剖され、個々人の仕事は工場経営の指示に従って標準的な作業時間内に遂行することが求められました。

労働における明らかな身分差別もこの時代には存在しました。数として少ない大学卒はホワイトカラーで正社員にして高給で幹部候補として採用し、中学高校卒業はブルーカラーとして工員として薄給で働かされるといった差別がありました。

戦後（昭和／平成）

この時代になると、労働者の権利が保障されるようになり、労働基準法が制定されます。戦後の経済成長期には、好況で人手不足となるため、企業は人材を囲い込むようになります。大企業が社内教育で育てた熟練工を優遇するようになります。それにより、段々と年功型の賃金が生まれるようになります。結果的に、労働者を確保するための長期雇用と年功賃金が労働慣行として根付いていくようになりました。１９６０，７０年代には、いわゆる日本型雇用と言われる終身雇用、年功序列型賃金、企業内労働組合、新卒一括採用といった今ではかなり馴染みのある制度が確立します。９０年代ぐらいまでの労働の特徴は、所属する組織の経験を重視したり、組織の維持・繁栄を優先、組織の同質性・同調圧力が強い、という価値観をベースにして縦社会・集団主義の社会のあり方が重んじられました。このころ、一億総中流のイメージが定着しました。

2000年代以降は、日本的な労働の働き方の限界が露呈し、バブル崩壊からの長期に渡る平成不況で日本の経済構造の変革を迫られます。日本的雇用慣行が克服されるべき弱みとして槍玉に挙げられました。勤続年数に応じた能力アップができない社員を一定の割合で抱え込んでしまう不合理性が強調され、長期安定の雇用人材を厳選し、短期雇用の割合を増やす雇用ポートフォリオ論が台頭してきました。非正規雇用の増加で自由な働き方、多様な働き方を実現する一方で、雇用の流動化／不安定化を招き、労働者の不安感と危機感を高めた状態で令和に突入する形となりました。

3 論語の精神で働く

労働観に対する大きな影響としては、生涯に500以上の企業設立に関わり資本主義の父と言われた渋沢栄一が、論語を商業道徳として定着させようと活動を開始したことが挙げられます。有名な論語と算盤、道徳経済合一説、義理合一といった考え方を明治の頃に積極的に進めました。この中で、「家族主義的経営」のひな型が誕生しています。これが実業界に定着して日本の経済的発展の大きな原動力になりました。西欧から最新の哲学や思想が入ってきたとしても結局人の道を指し示す規範は、江戸時代以来の儒教に根差した価値観だった、ということです。

家族主義的経営は、その目的は家の維持であり、存続・繁栄です。日本企業は利潤追求を第一義として行動しません。しかし企業である限り、利潤を無視しては存続できません。存続できる程度に利潤を上げながらも、利潤を低下させても企業拡大の道を選びます。従業員は家族的成員として家の盛衰・威信をともにし、家の繁栄に応じて給与・ボーナス・福利施設を享受します。家の繁栄は家族の繁栄、家の衰退は家族の衰退であるため、家族的従業員は会社のために精一杯働く。滅私奉公です。私心を捨て、会社のために全身全霊をもって働く。残業OK、過労死も名誉の戦死との文化です。

論語の身分秩序を重んずる考え方もあります。子供は立派な親を見習い、自分が大人になった時に同じことを子供に及ぼしていくことが肝要である、との考えです。これが上司と部下の関係でも同じで、育む大切さを原動力にして途切れさせないことを重視しています。「先輩から受けた恩は後輩に返していく」という思想です。先輩から食事を奢ってもらったら後輩にも奢ってやれ、先輩からの仕事の教えは後輩にも伝えていけ。こうした行為は、特に日本の企業では当たり前のように実践されてきた事柄でもあります。

しかし、平成・令和では家の存続・繁栄のために働く意識はかなり乏しくなりました。価値観が多様化する中で、企業のために、とか収入や名誉を第一義に追い求める世界観では無くなりました。個人毎の人生の目標を達成するほうが幸せ、といった欧米の個人主義に近くなってきています。

まとめ

ここまでに取り上げた時代毎の労働スタイルに関わる項目を整理してみました。【図6】

年代と労働観の変遷【図6】

西暦	~6世紀	7~8世紀	9~16世紀	17~19世紀	20世紀~
時代区分	~古墳	飛鳥/奈良	平安/鎌倉/室町	江戸	明治~令和
支配制度	—	律令制	荘園制	封建制	民主制
産業	狩猟採集/農耕	農耕		農耕/卸売・商売	工業・サービス業
思想	神道	神道+仏教		神道+仏教+儒教	
時間感覚と射程	円環的 (現在)	円環的 (短期から1年)		直線的 (一生)	直線的 (子孫)
戦争	有るのが当然			無いのが当然	無いのが当然 (世界大戦時除く)
経済	—	家内制手工業	問屋制手工業	貨幣経済の浸透	産業革命
労働スタイル	部落制	家族制 (大家族)	家族制 (中家族)	家族制 (小家族)	組織制
	部落	世襲による家業			個人の選択
	固定 シングルジョブ			マルチジョブ (農民/町人)	選択 シングルジョブ
	課題単位				時間単位
	社交と労働				社交or労働

各種文献をベースに著者作成

第3章

幸福とは

第2章は、労働の歴史を振り返りました。中世から現代へ労働に対しての感覚が一様でないことがわかりました。第3章からは打って変わって幸福の話になります。理解できているようでよくわからない幸福について見ていきましょう。

1 幸福とは

1 幸福が注目を集めている

幸福についての注目度が高まっています。ウェルビーイング（心身ともに良好な状態にあること）に関する書籍も最近増えてきておりそれを実感します。この理由は、経済成長優先の考え方が行き詰まってきたからだと考えられます。戦後の復興の時代から高度経済成長の時代までは、欧米に追い付け追いこせ、経済成長で豊かになることこそが幸せだ、であり、そのための工業や産業の発展がよいものと考えるのが日本の主流でした。

20世紀の考え方ではGDPの多い国こそ発展したよい国でした。その後、良い国である／幸福である、をGDPで測るのは止めて、平均余命と教育指数、GDP指数の3つで客観的な幸福を測る人間開発指数であったり、一人当たりGDPと主観的な幸福度を測る世界幸福データベースなどが注目されるようになってきました。

皆さんも、身の回りにスマホや家電、衣服や食事がある程度整っている中で、あと2倍給料が上がれば2倍幸せになれる、と考えるのは納得しづらいのではないでしょうか。逆にモノには満たされているけどマンションの隣に誰が住んでいるかわからない、テレワークで会話が少なくなってきて何か空洞感・孤独感がある、給料よりもそこを改善したほうが、と感じるのが自然かもしれません。

フランスの哲学者アランはこう述べています。「幸福とは全て意志と自己克服のものである」、つまり自分が幸せだと思ったら幸せである、気の持ちようである。ここまで言うとこの章の整理が無駄になってしまいますが、幸福についてある種の本質を突いているとも言えます。

2 幸福を定義すると・・・

幸福とは何か。辞書で定義を確認すると、心が満ち足りていること、幸せともいう。幸せはどうか。運が良いこと、幸運、幸福。英語のhappyには、幸福の意味と、うれしい／楽しいという意味を含んでいます。これらを踏まえて、幸福学の前野さんの定義を引用すると、左記になります。

また、国が違うと幸せのイメージも異なると言われ、古代ギリシャ・ローマでは、人生にわたっての幸福を目指すべきという幸福主義と、刹那的な快楽の繰り返しが幸福だと考える快楽主義があります。タイムスパンの長期が幸福主義、と短期が快楽主義に対応している形です。

最近の心理学で使われる幸福よりも幅広い概念としてのウェルビーイング（幸福、福利、健康）を本書で目指すべき姿として採用します。以下はトム・ハス・ジム・ハーターの幸福の習慣から引用。【図7】

ウェルビーイング（幸福・人生の満足）とは、

①仕事に情熱を持って取り組んでいる
②よい人間関係を築いている
③経済的に安定している
④心身ともに健康で活き活きしている
⑤地域社会に貢献している

幸福の定義【図7】

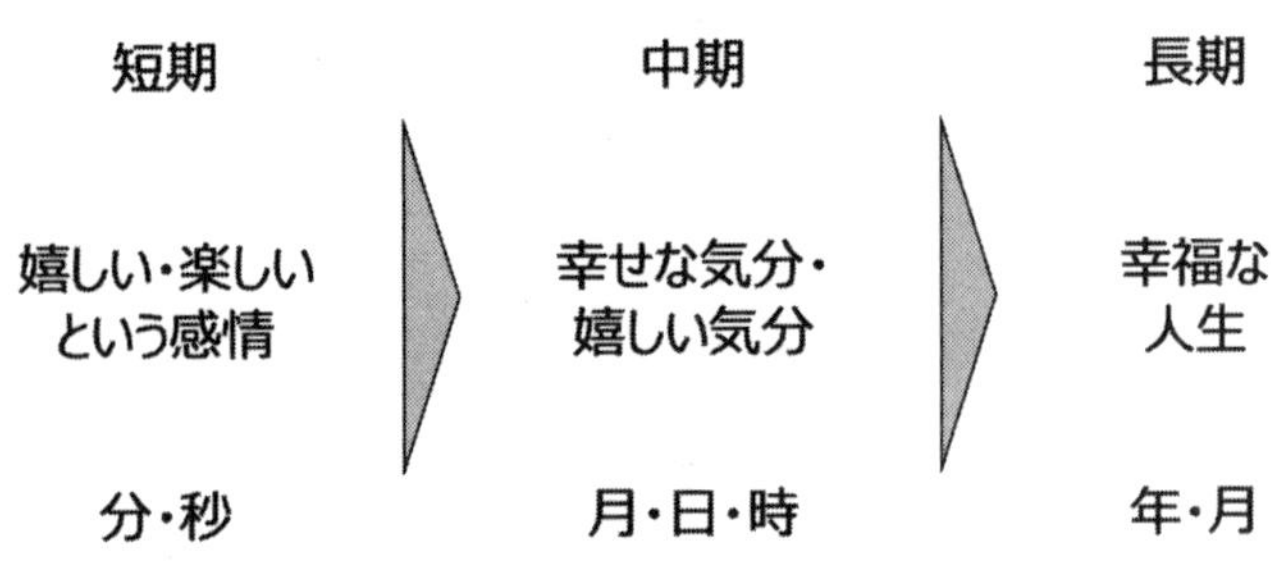

出所：幸せのメカニズム（前野隆司）

この5つの要素が互いに関わりあって一体となっている状態と定義します。更に、客観的なデータを使って間接的に幸福を測るのではなく、主観的な幸福を問うことで測る思想で論じていきます。客観データである収入が多くても主観的には不幸を感じているケースがあるからです。尚、経済的な安定と地域社会に関しては本書で取り上げないため割愛いたします。

3 西洋と東洋の幸福

先ほども少し触れましたが、文化によって幸福の捉え方がかなり異なります。ここでは少し西洋哲学と東洋哲学の幸福の捉えたかの違いを整理します。幸福と言ってもかなり異なるのだな、と感じてください。

西洋ギリシャの哲学者のアリストテレスによると、幸せは人類の永遠のテーマであり、人生の最終目的は幸せ以外にはあり得ないと考えました。そして、自分の能力を最大限に活用した上で、友人やパートナーと共に好きな活動を行うことが一番の幸せだと説いています。更に、幸せは単に自分の力でつかみ取るものではなく、運任せの部分もあり、かつ壊れやすい、脆いものであると捉えています。人間は単に快楽や幸福を感じていればそれでいいのではなく、何か自分で積極的に経験しないことには存在意義を生み出しえない生き物であるとも言われています。

西洋は一人の人間としての生き方を重視しているのに対し、東洋哲学は、社会の一員としての生き方を唱えています。東洋哲学では、幸福について明確に論じているものはあまりなく、幸せな人生は満足のいく人生、理想の人生を目指すもの、となれば孔子の論語に垣間見ることができます。仁考悌礼などを兼ね備えた人物、つまり他人への思いやりがあり、父母や年長者に仕え、伝統的文化的儀礼に明るく、伝統の儀礼に従った生活を送る人物が理想であると考えます。

4 幸福の考え方

幸福の捉え方の違いで見てきたように、どうも幸福の捉え方は一様ではないことがわかりました。人それぞれの幸せの形があります。しかし、幸福に辿り着く要素や構造としては基本的なものがあるのではないかと言われています。そこで、世の中の幸福学を参考に、幸福をどのように観察しているかの要素を整理します。

まず幸せの測り方として、主観的と客観的なものがあります。前者は本人の申告に依存するものなので、気分や置かれた環境に影響を受けます。後者は、収入・学歴・健康などの客観的なデータで間接的に幸福を測るものです。ただ、例えば収入が多くても幸福を感じられない人もいるため、主観と客観を複合的に見る必要があります。

言われるとそのとおりだな、という幸福の考え方が、「他人との比較で幸福を感じる傾向」です。人は自分の過去と現状を比べるのではなく、他人との地位や財産、健康の比較で不幸になったり幸福を感じたりします。これはわかっていても簡単には逃れられない人の性質だと思います。

興味深い視点として、地位財と非地位財があります。地位財は、周囲との比較により満足を得るものです。所得や地位、所有物など。非地位財は他人との相対比較とは関係なく幸せが得られるものです。健康、愛情、帰属意識など。地位財による幸福は長続きせず、非地位財による幸福は長続きします。身の回りがモノで溢れていても、収入が増えてももっと欲しくなる、結果すぐ幸福感は失われてしまう。日常生活でも納得の視点ですね。どちらもバランスよく保つのがよいと言われています。

人間の性質で面白いのは、フォーカシングイリュージョンと呼ばれるものです。間違ったところに焦点を当ててしまうという意味です。これは、人は所得などの特定の価値を得ることが必ずしも幸福に直結しないにも関わらず、それらを過大評価してしまう傾向がある、ことを指します。これは年収でいうとおよそ８００万円までは収入に比例して幸福感が増大するにも関わらず、それを超えると比例しなくなることを指します。収入が増えても、人は更なる収入を求めてしまう、でもそれが幸福に繋がりません。【図8】

自分では納得するも意外だと思われる視点は、「自由時間は短いほど幸せ」。自由時間の長さが幸福に結びついていないばかりか、自由時間が短い人のほうが幸福、という内閣府のデータ【図9】（若年層の幸福度に関するデータ）があります。これは失業していて自由時間が多い＝不幸であるや、仕事が充実していて自由時間が短い＝幸福という因果があるかもしれませんが定かではありません。ただ私自身の体験談としては、仕事も生活もほどほどに忙しいのが一番充実していると感じることが多いと思います。逆に仕事の時間で何もしない待機状態の時間が

収入と幸福の関係【図8】

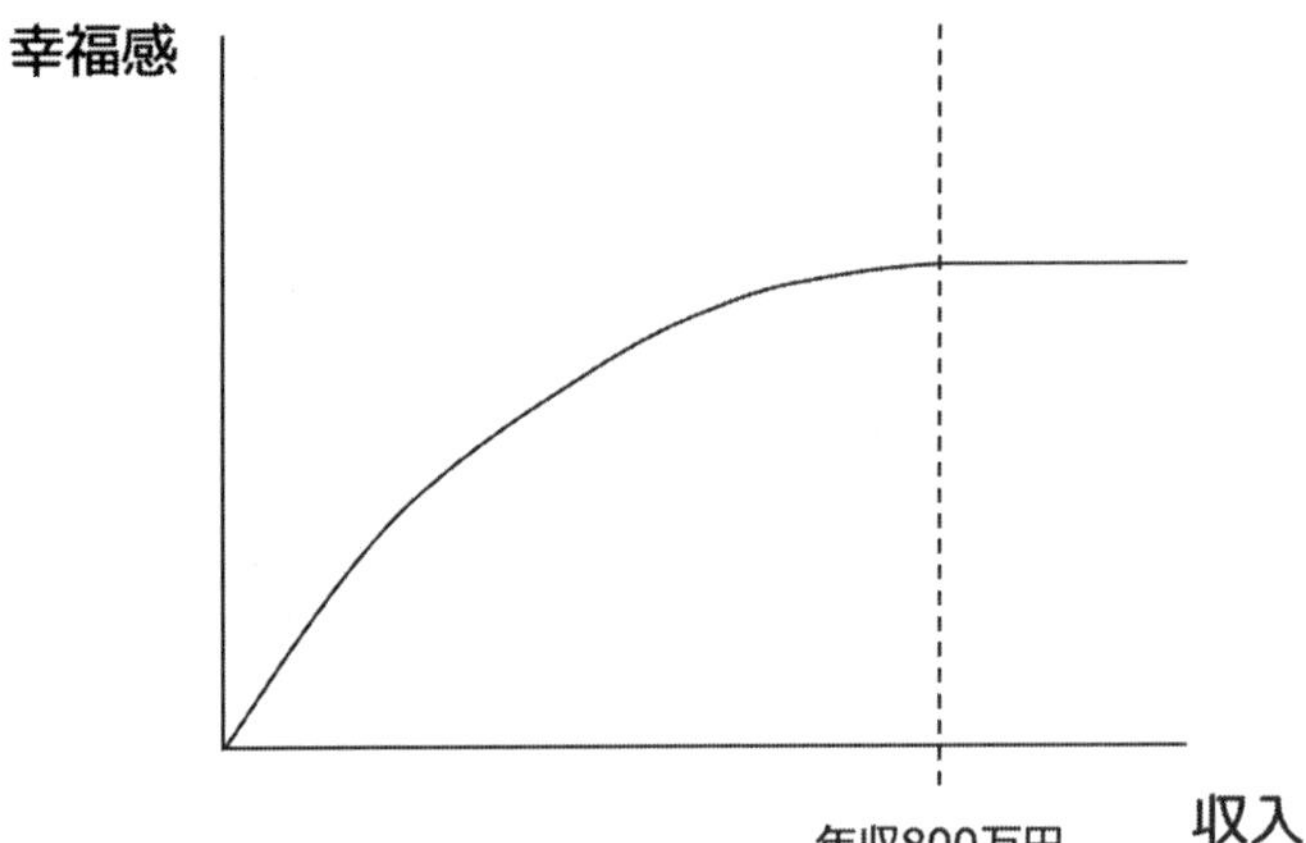

出所：プリンストン大学／ダニエル・カーネマン教授の研究結果
（年収7万5千ドルでお金で買える満足感は頭打ち）

長いと、給料を貰っているのに貢献できていない感覚に襲われ、気分が悪くなってしまうことがあります。忙しいよりも暇なほうが精神を病む可能性が高いと思います。

最後に、日本人にはあまり信じられないかもしれませんが、グローバルで見ると、宗教を信じている人のほうが幸せ、とのデータがあります。宗教には超越と倫理の2つの側面があります。ひとつは、宗教は神様や絶対的な超越者などのお告げに従うこと＝絶対者への帰依。もうひとつは宗教はこの世に生き人の道・規範というものです。宗教は利他的な行動を促すため、人の役に立つ／貢献している感覚を得るために幸せに近づく、と捉えることができます。日本では宗教は怪しいもの、という印象がどうしても先行しがちですが、宗教団体の活動の良い面が報道されずに、悪い面ばかりが取り上げられていることが原因として挙げられると思います。

こう整理してみると、やはり私達は自分がどうすれば

自由時間と幸福の関係【図9】

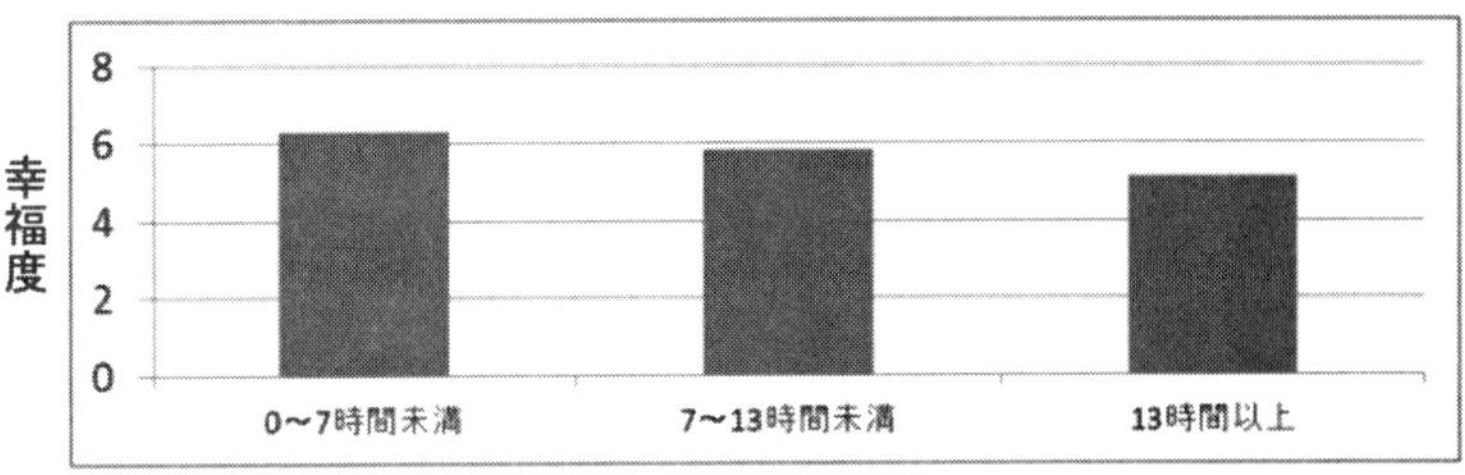

2010年から2011年に行われた20~39歳の2万人以上の男女にアンケートを取った結果の一部

出所：内閣府経済社会総合研究所「若年層の幸福度に関する調査」

幸せなのかを理解できていない、間違った判断をしてしまう、ということです。そうならないために、次からは幸福を構成する要素と構造を整理していきます。

2 幸福の尺度／構成要素

1幸福を構成する要素

人が活き活きとした人生を送るのか、それとも悩み多き人生を送るのか、どちらの道に進むのかを決定づける要素が5つあると考えられており、幸福の習慣（トム・ラス／ジム・ハーター）より引用いたします。この5つの要素は人生において重要なことの全てを網羅していませんが、基本となっています。

その5要素とは、

①仕事の幸福
②人間関係の幸福
③経済的な幸福

④身体的な幸福
⑤地域社会の幸福

です。

この5つの要素のうち、全体的な人生の幸福を考えた時に、「仕事の幸福」が最も重要で根幹を成すものなのです。単に収入を得る仕事だからではなく、1日の大半の時間を費やしていることになるからです。但し、5要素のうちひとつでも要素のスコアを高められれば、日々の生活はより充実し、素晴らしい日々へとつなげられることになります。

この5要素うち、仕事の幸福と人間関係の幸福の2要素に絞って整理していきます。【図10】本書は、労働×幸福に焦点を当てているため、経済的、身体的、地域社会の幸福については、割愛します。特に経済的と身体的な幸福については、他の書籍のほうが掘り下げられている、の理由もあります。（地域社会については、一部人間関係と絡みますが、同じ理由で割愛）この2要素を4つの因子と共に整理します。この因子については幸福学の前野さんの書籍（幸福のメカニズム）から引用いたします。因子については詳細な説明は前野さんの著書を参考頂きたいのですが、アンケートデータを多変量解析で分析し、幸せを構成する複数の要因が何か、その要因が幸せにどれぐらい寄与しているかを数値化するものです。結果、4つの因子が求められたものです。

第1因子　自己実現と成長の因子
第2因子　繋がりと感謝の因子
第3因子　前向きと楽観の因子
第4因子　独立とマイペースの因子

この2要素と4因子を私なりに関連付けた上で、以下のように整理していきます。

2-第1要素　仕事の幸福
3-第2要素　人間関係の幸福
4-第1因子　自己実現と成長の因子
5-第2因子　繋がりと感謝の因子
6-第3因子　前向きと楽観の因子
7-第4因子　独立とマイペースの因子
8-2要素と4因子の纏め

②第1要素　仕事の幸福

5要素と4因子の関係【図 10】

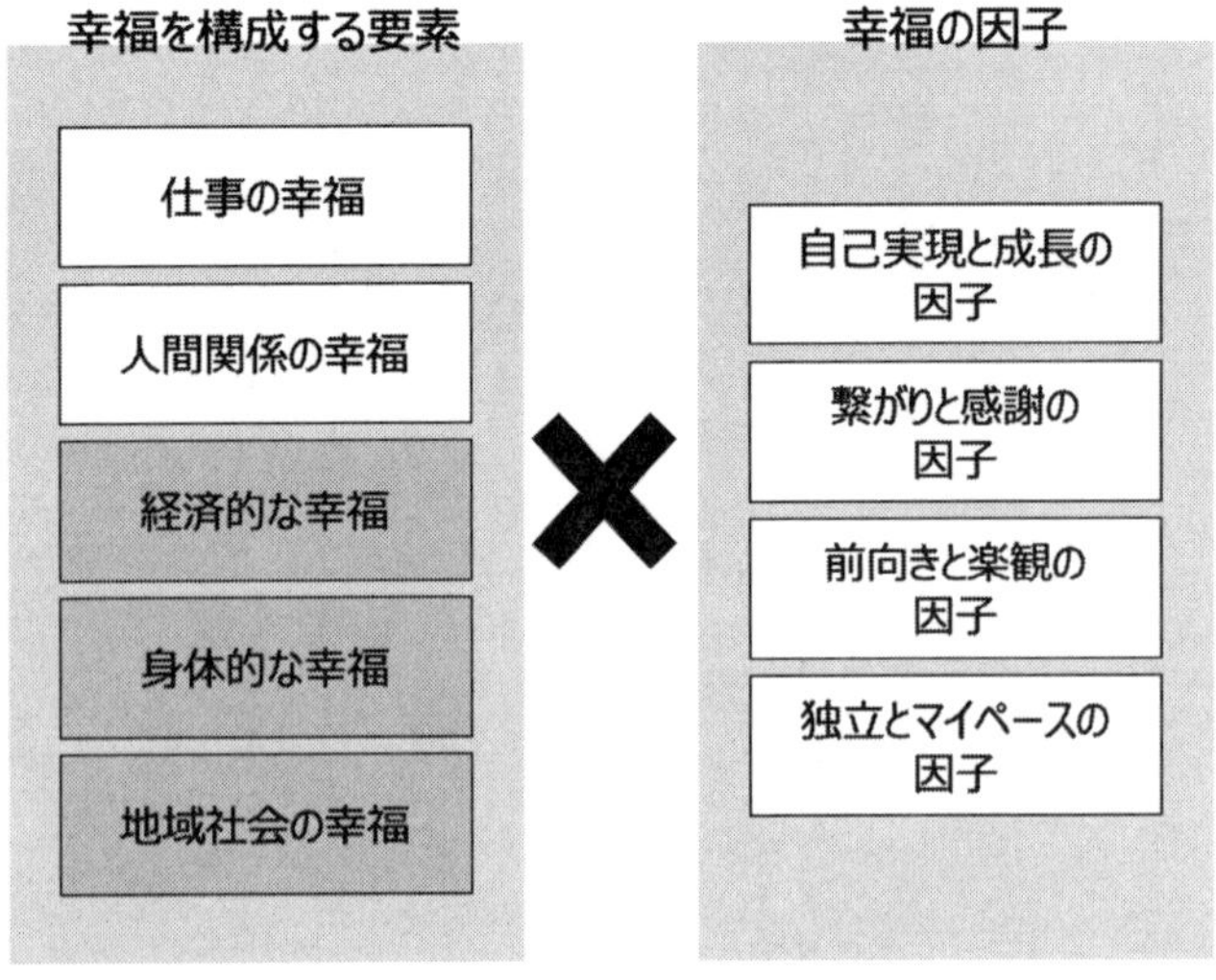

出所：幸福の習慣と幸せのメカニズムを参考に著者作成

「あなたは今の仕事が好きですか」この質問は、仕事の幸福を考える上で最も基本的で重要な質問とされています。はい、と即答できる人は20％ほどしかいないそうです。日々最も多くの時間を費やしていること＝仕事がその人のアイデンティティを作り上げます。自分が情熱を持って取り組めていれば幸福度は高いと予想されます。健康で人間関係もうまくいっていて経済的な不安が無くても、仕事が大嫌いならば、全体的な幸福度は下がるのは容易に想像できるかと思います。

アメリカの経済誌エコノミック・ジャーナルに、失業に関する研究結果が掲載されました。結婚、離婚、子供の誕生、失業、配偶者の死など様々な出来事が人生の満足にどう影響を与えるかの調査です。これによると、幸福に最も影響を与えるのは、「長期に渡る失業状態」でした。失業状態が長期間続くことは、配偶者の死よりもダメージが大きい、ということです。

仕事に熱意を持っている人は、平日も休日も幸福度は同じです。一方で、仕事に熱意を感じていない人は、平日は幸福度も物事への興味関心度も劇的に低く、ストレスレベルは高い状態でした。こうした方は、週末のために生きているようなもので、平日は死んでいる状態といっても過言ではありません。週末と同じぐらい平日を楽しく過ごすには、自営業の人には釈迦に説法ですが、仕事と趣味の境目を無くす、ことだと言えます。歴史を振り返った際に言及した、社交と労働が一体となっている江戸時代の働き方に似ていますね。

また、行動科学の生活時間調査では、人が一番楽しくないと感じる時間は、「自分の上司と一緒にいる時間」だと言われています。自分の周りの様々な人の誰と一緒にいる時が楽しいと思うか、の質問に最下位となっています。無能なボスと一緒にいるぐらいなら家事をしているほうがましである、という結果でした。人間は本来、自発的に創意工夫を凝らすことが好きだと思いますので、席の隣で上司に監視されていると感じると、本来の性質を抑えつけられていると感じ、楽しくない＝不幸になると感じる、と私は考えます。

3 第２要素　人間関係の幸福

周囲の人との人間関係は、人の欲求や期待、目指すゴールにまで大きな影響を与えています。そして感情は、人から人へと素早く伝わるものです。ハーバード大学の大規模な社会実験で、人の幸福度は自分から数えて３人目まで影響するようです。あなたの友達の友達、そのまた友達の幸福度が高いと、あなたの幸福度は６％向上する可能性がある、ということです。収入が１００万円増えても幸福度は２％しか増えないことから、幸せになりたいなら、収入を増やすよりもよき家族や友人との関係を強めるほうが効果的と結論づけられています。

一緒に過ごす人との親密度や距離感も幸福度に影響をしますが、時間の長さにも意味があるようです。人が活き活きとした1日を過ごすためには、誰か他の人と一緒に過ごす時間が6時間必要と言われています。言い換えると、毎日6時間以上人と関わる間を持っていると幸福度が上がり、ストレスや不安が小さくなります。何も話す人がいない状態が続くと精神的にしんどい気持ちになるのは腹落ちする感覚です。

職場に良い友人がいるかどうかも幸福度に影響を与えるそうです。ギャラップ社の調査では、職場に最高の友人がいますか？　の問いにはいと答える人は、職場に最高の友人がいない会社員が、仕事に熱意をもって取り組める可能性の12倍になるそうです。これは何をしているかよりも誰と一緒にいるか、が重要な要素であることを意味しています。また、ちょっとしたたわいのない職場の誰かとの雑談が、職場の生産性を高める上でとても重要であることも明らかになっています。自分に適した職業を選ぶよりも人間関係のストレスの無い職場で働くほうがよっぽど幸せであることを裏付けています。何をするか、よりも誰とやるか、ビジネスでよく言及されることがですが、納得のいく調査結果です。

4 第1因子　自己実現と成長の因子

ここからは、幸せのメカニズム（前野著）の４つの因子を引用いたします。この４つの因子は、幸福に繋がる因子を分析した結果から抽出されたものになります。

第1因子は、

コンピテンス（有能と感じる）

社会の要請（社会の要請に応えている）

個人的成長（人生は変化、学習、成長に満ちていた）

自己実現（今の自分は本当になりたかった姿である）

に関係した因子となります。これは、目標をもち頑張って競争に打ち勝とうという考えではなく、人類70億人がそれぞれの考え方で、小さくてもいいから自分らしさを見つけ、その70億分の1の個性を活かして、社会の中で自分らしく生きていくようなあり方が幸せに繋がることを意味します。地位や名誉や金などの画一的な地位財を得ることは幸せに繋がりにくいということです。

もう少し砕けた表現をすると、自分なりに何が面白いか、何を求めているかを明確にわかっている（鉄道、アニメ、歴史が好きとか）状態で、他の人がささやかでもいいから喜ぶような何かを発揮（知識を教えてあげる等）し、それにより自分なりの充実感のある成長を実感した上で、自分がやりたいことを実現する、と言えます。全く多様で画一的ではなく、金銭的価値もなく効率的、合理的でない。ある分野での天才・オタク・達人を遊びながら目指すイメージです。

5 第2因子　繋がりと感謝の因子

第2因子は、
人を喜ばせる（人の喜ぶ顔が見たい）
愛情（大切に思ってくれる人達がいる）
感謝（人生において感謝することが多くある）
親切（日々の生活において他者に親切にして手助けしたい）
の要素から成り立ちます。

どんな繋がりがいいか、については面白い条件があるそうです。親密な他者との「社会的な繋がりの多様性」と「接触の頻度」が高い人は主観的幸福が高い傾向がある一方、繋がりの数は主観的幸福にあまり関係しないという結果です。同じような友達がたくさんいる人よりも、多様な友達がいる人のほうが幸せな傾向があります。色々な職業、色々な年齢、色々な性格、色々な国籍の友達を持っている人のほうがそうでない人よりも幸せ。繋がりを増やそうと考えると、まずは仕事。職場の同僚、違う部署の先輩後輩、取引先の相手、お客さんなどと接すると多くの繋がりが得られます。仕事以外では、最近流行の朝活や読書会、イベントやセミナー、NPOなど新しい繋がりを求める人々の活気で溢れています。これらの繋がりを増やすことが幸福の第2因子への道です。

また、ボランティアやPTAなどの社会貢献活動に参加している人はそうでない人よりも幸福度が高いことが統計的なデータで示されています。社会貢献に尽力されている方は、自分が幸せになりたいからではなく、世の中を幸せにしたいから、貢献したいと考えています。自分では目指していなくても、親切な人は幸せな傾向があります。人を幸せにしたいと思っている人は自然と幸せになるようにできています。自分が幸せになりたかったら、人を幸せにせよ、です。

最後に、お金を他人のために使ったほうが、自分のために使うよりも幸せ、との研究結果があるそうです。収入の一部を他の人に寄付したり、慈善事業に使う人は、自分自身のために使う人よりも幸福度が高いと言われます。ここでも社会貢献活動と同じで、自分のためより、他人のためです。先ほど述べた宗教を信じて利他的に振舞う人のほうが幸せである、と繋がっています。

6 第3因子　前向きと楽観の因子

第3因子は、
楽観性（物事が思いとおりに行くと思う）
気持ちの切り替え（学校や仕事での失敗や不安な感情を引きずらない）
積極的な他者関係（他者との近しい関係を維持することができる）
自己受容（人生で多くのことを達成してきた、自らを許せる）
と関連した因子です。

逆の性格を持っている人にはどうしたらいいんだ、と言われるかもしれませんが、外交的でポジティブで、何とかなると考える楽観的な人は幸せです。またポジティブな気分だと全体のことを考えることができるという研究結果があるため、広く物事の関係を捉えることができます。一方、内向的な人、ネガティブな人、神経質な人、うつ傾向のある人は、細かいことを気にしてしまうし、幸福度が低い傾向があります。外交的か内向的か、楽観的か悲観的か、といった気質は遺伝しますので、幸せと感じやすいかどうかはある程度先天的なものと言えます。

この先天的なものの克服、の意味で私が良いと思ったのは、「メタ認知」です。メタとは上とか超の意味。自分の認知をもうひとつ上の階層から見ることです。自分が笑ったり怒ったりしている自分を客観的に見る心の動き。自分を変えるには、自分は今どう振舞っているかをメタな視点から冷静に見る。そうすれば改善できる、変われる。生まれつきの気質を完全に治すことはできませんが、こういう取り組みで軽減するのもひとつかなと思います。

7第４因子　独立とマイペースの因子

第４因子は、
社会的比較志向のなさ（自分のすることと他者がすることをあまり比較しない）
制約の知覚のなさ（何ができて何ができないかは外部の制約のせいではない）
自己概念の明確傾向（自身についての信念はあまり変化しない）
最大効果の追求（コスパの高い行動を取る）
に関係しています。
欧米、特にアメリカでは、人の目を気にしない傾向が強く、儒教文化がある日本を含む東アジアでは人の目を気にする傾向が強いと言われています。儒教では、調和を重んじる社会。目立たず皆と同じように振舞うとが均一社会での秩序のために大事。人と自分を比較し、同じように行動することが重視されてきたと言われています。調和と独立、どちらかだけではなく、バランスをとることが重要だと思います。

人の目を気にしない人は、人との比較によって得られる幸福の持続性が低い地位財を目指さない傾向があるため、第1因子の多様な目標で自分なりに実現するということとリンクした形で活動していくと第4因子も達成できるかもしれません。また、他人と比較すると不幸になると述べましたが、ここでも同じで、他人との地位財を比較して幸福か不幸かを判断するのではなく、自分で独立に定めた目標に対して、過去と現在を比較した上で、マイペースに成長を実現していくのがよいと思われます。

8 2要素と4因子の纏め

幸福の要素と因子をざっと俯瞰してきましたが、幸福度を高めるために重要なことを纏めます。

- 仕事にまずは従事する（長期失業の幸福度へのダメージは大きい）
- 人生で1番時間を費やす仕事に熱意を持って取り組む
- 仕事と趣味の境界線を無くす（土日も仕事をする時間として捉える）
- 自分の上司と過ごす時間を有意義なものにする

・家族や友人との関係を強める
・1日人と6時間以上関わる
・職場での友人を持つ
・職場でのちょっとした雑談を行う
・自分が面白いと思う／やりたい対象に目標を設定し、自分のペースで成長して目標を達成する
・色々な年齢、職業、性別、国籍の多様な友人を持つ（数ではなく多様性）
・社会貢献活動に参加する
・外交的でポジティブで楽観的になる
・人の目を気にせず自分らしく振舞う、過剰に周りと同調しない、他人と比較しない

後半の令和の幸せな働き方の章で、本章で整理した幸福度を高めるための要素と因子に応じた具体的な働き方に繋げていきます。

3 幸福度の変化

1 世界の中で日本の幸福度は？

実際に世界の中で、日本の幸福度はどうなのでしょうか。これまで幸福とは、について整理してきましたが、統計データを実際に見ていきましょう。

まず世界幸福度調査を見ていきます。これは、米調査会社のギャラップ社が行う調査を元に国連機関が纏めて発表するものです。【図11】世界156か国が対象となり2012年から毎年行われています。単年の結果をそのまま反映するのではなく、過去3年間の平均値です。このランキングの特徴は、幸福度という目には見えないものを数値化して順位付けしているところになります。各国の幸福度は、主観的な幸福度によって決定されます。キャントリルラダーと呼ばれる手法を用いて、自身の幸福度が0〜10までの11段階中、どこに当てはまるのかを明らかにします。その上で、

1）一人あたり国内総生産

2）社会保障制度などの社会的支援（困った時に助けてくれる制度や信頼できる人がいるか）

世界幸福度ランキング【図 11】

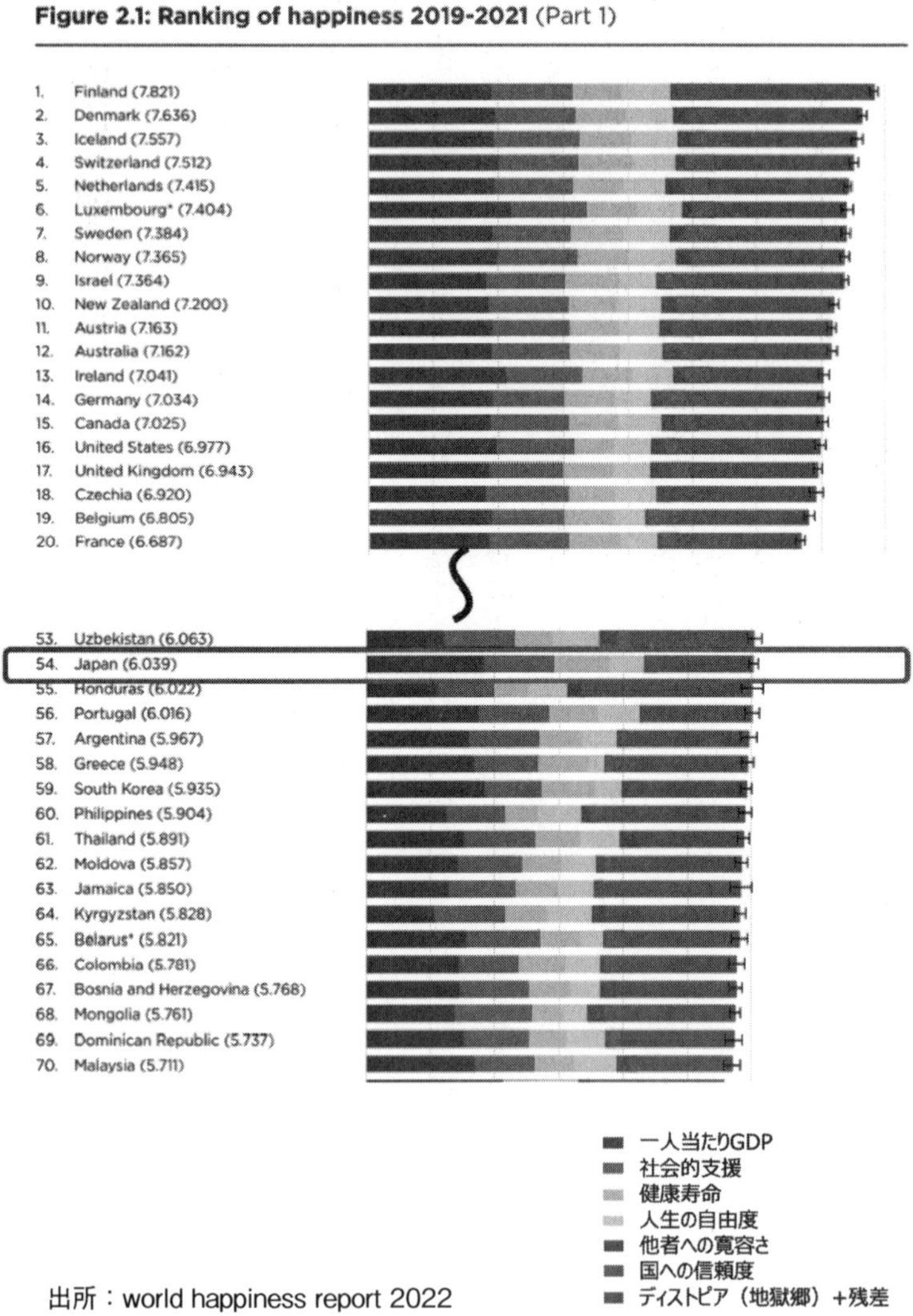
Figure 2.1: Ranking of happiness 2019-2021 (Part 1)
1. Finland (7.821)
2. Denmark (7.636)
3. Iceland (7.557)
4. Switzerland (7.512)
5. Netherlands (7.415)
6. Luxembourg* (7.404)
7. Sweden (7.384)
8. Norway (7.365)
9. Israel (7.364)
10. New Zealand (7.200)
11. Austria (7.163)
12. Australia (7.162)
13. Ireland (7.041)
14. Germany (7.034)
15. Canada (7.025)
16. United States (6.977)
17. United Kingdom (6.943)
18. Czechia (6.920)
19. Belgium (6.805)
20. France (6.687)
53. Uzbekistan (6.063)
54. Japan (6.039)
55. Honduras (6.022)
56. Portugal (6.016)
57. Argentina (5.967)
58. Greece (5.948)
59. South Korea (5.935)
60. Philippines (5.904)
61. Thailand (5.891)
62. Moldova (5.857)
63. Jamaica (5.850)
64. Kyrgyzstan (5.828)
65. Belarus* (5.821)
66. Colombia (5.781)
67. Bosnia and Herzegovina (5.768)
68. Mongolia (5.761)
69. Dominican Republic (5.737)
70. Malaysia (5.711)
一人当たりGDP
社会的支援
健康寿命
人生の自由度
他者への寛容さ
国への信頼度
ディストピア（地獄郷）+残差

出所：world happiness report 2022

3）健康寿命
4）人生の自由度（人生で何をするか選択の自由があるか）
5）他者への寛容さ（過去1か月にいくら慈善団体に寄付したか）
6）国への信頼度（あなたの国やビジネスに汚職・腐敗が蔓延しているか）
の6項目を加味して判断されます。

2022年の最新ランキングでは、絶対的な地位を占める北欧諸国。1位のフィンランドは、5年連続での首位獲得。北欧諸国の強みは、充実した社会保障制度や犯罪率の低さ、生活水準の高さが挙げられます。新型コロナウイルス感染症拡大にも関わらず、幸福度を維持しています。

日本の順位は54位。2020年の62位、2021年の56位に比べるとランキングは上がっています。とはいえ、他の先進国と比較すると、まだまだその順位は低いというのが現状です。日本のGDPは高く、社会保障制度も充実しており、世界的に見ても治安は良く、暮らしやすい環境が整っていると言えます。先述の6項目のうち、一人あたりGDPと健康寿命では高スコアですが、他社への寛容さ、国への信頼度が低いことがランキング上位国と大きく差がついている点です。国民それぞれが抱く主観的幸福度についても、1位のフィンランドが2・518に対して、日本は1・487。新型コロナウイルスの影響の長期化によって、多くの国で数値が減少しています。

その中でも注目は、ディストピア（地獄郷）。これは「あなたは今幸せですか？」「昨日笑うことはありましたか？」といった質問に対し、結果をプラス要因として評価。一方「昨日悲しみ／怒りの感情を持ちましたか？」の結果をマイナス要因として評価。日本人は悲観主義傾向にあるためか、世界的には幸福と感じる環境が整っているにも関わらずここが強く影響してしまい、全体的に低い幸福度の結果となっています。勿論何を幸せと感じるかは国や文化によって異なるので一概に比較できない面はあるのですが。

2 日本人はまずまず幸福を感じている

世界の中での日本の位置づけをみたので、今度は日本の中だけでの幸福度とその推移をみていきましょう。

日本人のみが対象の日本だけで行われている調査で、「幸福度」を直球で把握する調査は無く、代替で内閣府の満足度・生活の質に関する調査（2019～2022年）を用います。この調査は、日本の経済社会の構造を人々の満足度（well-being）の観点から多面的に把握し、政策運営に活かしていくことを目的に行われています。特に、GDPだけでなく、満足度・生活の質に関する幅広い視点から見える化をしているところが特徴です。

約10000人に対してインターネット調査を行い、「生活満足度」を最上位の幸福度のような位置づけに置き、それを構成するものとして、13分野別の満足度を測ります。分野別の質問等により、主観・客観の両面からwell-beingを多角的に把握するものです。

①家計と資産
②雇用環境と賃金
③住宅
④仕事と生活
⑤健康状態
⑥自身の教育水準・教育環境
⑦社会とのつながり
⑧政治・行政・裁判所
⑨自然環境身の回りの安全
⑩子育てのしやすさ
⑪介護のしやすさ・されやすさ
⑫生活の楽しさ・面白さ

まず、幸福度と同じような概念として捉えられる生活満足度です。これは現在の生活にどの程度満足しているかを0～10点で自己評価するもので、2019～2022年の推移を見ると、ほぼ横ばいとなっています。

2022年と2021年の点数別の分布【図12】を見ると、最頻値は7点（18・7％）であり、次いで5点（17・5％）、8点（16・9％）となり、全体の66％が5～8点に集中しています。0～2点や9～10点を回答している人が少ないことから、極端に生活の満足度が低い、もしくは高い人は少ないと読み取れます。但し、先ほどの世界価値観調査と同様に、幸福度を明確に表明しづらい、自分で自分の幸福を正確に判断

満足度・生活の質に関する調査報告書2022【図12】

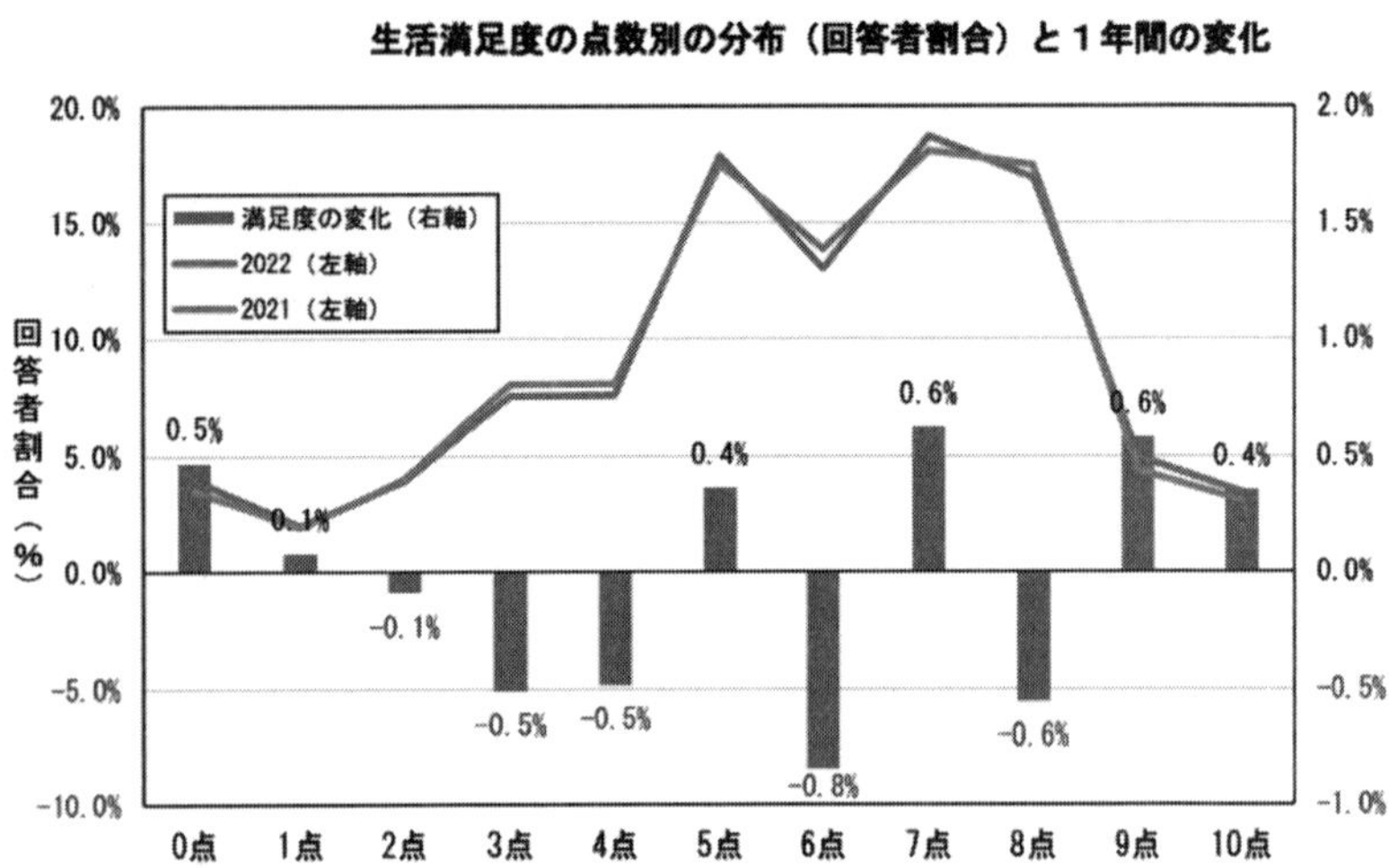

出所：満足度・生活の質に関する調査報告書2022～我が国のWell-beingの動向～

しづらい日本人の性質があるため、このような結果となっていると思われます。

また、最上位の生活満足度に対する各分野別満足度の説明力を見ると、【図13】

・家計と資産（世帯の収入／支出、金融資産、借金、生活の程度、将来の収入／負担）
・生活の楽しさ・面白さ（趣味や生きがい、多様な働き方、社会貢献、健康、交流など）
・仕事と生活（労働時間、通勤時間、家事・子育て・介護の時間、団らん、自由時間など）

の3つが高くなっています。

ここから読み取るに、ある程度の経済の安定性が基盤としてあった上で、趣味や友人との交流、働き方が柔軟な生活と、労働時間や自由時間のバランスがうまく保たれていると総合的な生活満足度が高い、と言えます。

満足度・生活の質に関する調査報告書２０２２【図 13】

被説明変数：生活満足度

	全体	男性	女性
家計と資産	0.238 ***	0.225 ***	0.254 ***
雇用環境と賃金	0.020 *	0.051 ***	0.001
住宅	0.076 ***	0.058 ***	0.090 ***
仕事と生活	0.109 ***	0.078 ***	0.131 ***
健康状態	0.093 ***	0.110 ***	0.076 ***
教育水準・教育環境	0.055 ***	0.124 ***	-0.007
社会とのつながり	0.047 ***	0.048 ***	0.039 ***
政治・行政・裁判所への信頼性	-0.006	-0.006	-0.009
自然環境	-0.002	-0.019	0.016
身の回りの安全	0.010	0.006	0.014
子育てのしやすさ	-0.013	-0.010	-0.020
介護のしやすさ・されやす	-0.072 ***	-0.065 ***	-0.070 ***
生活の楽しさ・面白さ	0.413 ***	0.402 ***	0.418 ***
定数項	0.476 ***	0.180 **	0.811 ***
修正済み決定係数	0.642	0.661	0.627
サンプルサイズ	10,633	5,297	5,336

数字が１に近いほど説明力が高い

（備考）***, **, *はそれぞれ 1%、5%、10%で有意

出所：満足度・生活の質に関する調査報告書 2022 ～我が国の Well-being の動向～

3 日本人は労働に対しては満足度低め

日本の就業者は、労働に対してどう感じているか、をデータから読み取ってきます。会社に貢献したいと思っているのか、仕事は面白いと感じているか、などを探っていきます。

まずは、従業員エンゲージメントから見ていきます。従業員エンゲージメントとは、会社に対する長期的な忠誠心や貢献意欲、与えられた以上の仕事に取り組む、もしくは頼まれてもいない仕事に積極的に手を出す自発的姿勢がどれぐらいあるかを指します。令和4年5月に経済産業省から出された未来人材ビジョン【図14】を参照すると、日本の従業員エンゲージメントは世界全体でみて最低水準にあります。そしてエンゲージメントは低いけれども、転職や起業の意向を持つ人は少ない。また、現在の勤務先で働き続けたいと考える人も少ない結果になっています。世界最大規模の組織・人事コンサルティング会社のコーン・フェリーが行った調査【図15】も参照すると、こちらも同じように従業員エンゲージメントは極めて低い結果となっており、更に10年の推移を見ると、低下傾向にあります。

これらのデータを見ると、日本人の労働者は、低離職×低従業員エンゲージメント（働き続けたくない&自律性も薄い）となっていると読み取れます。この理由についてコーン・フェリー

未来人材ビジョン【図 14】

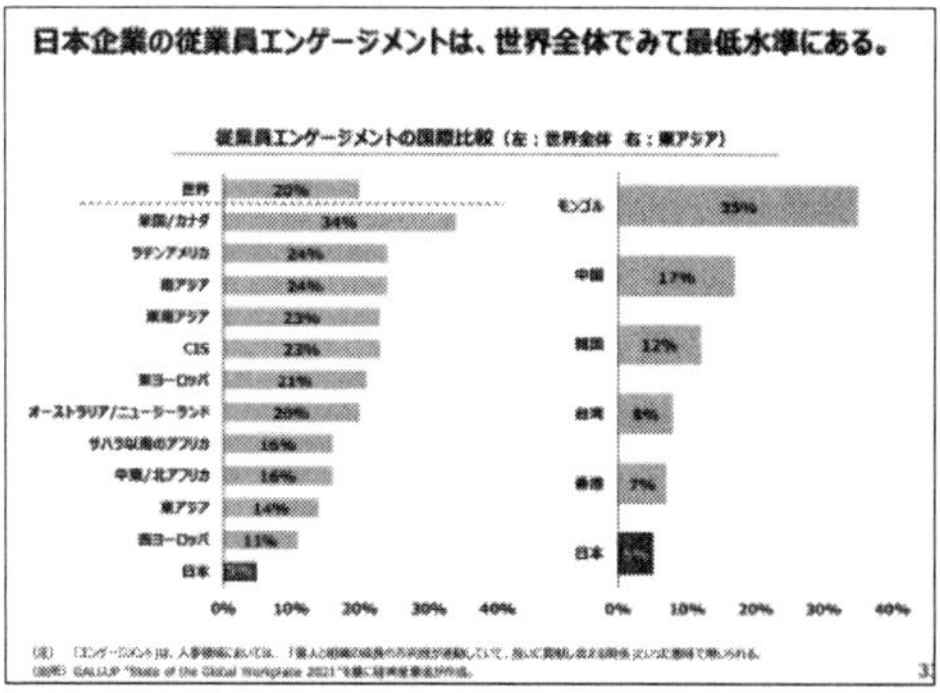

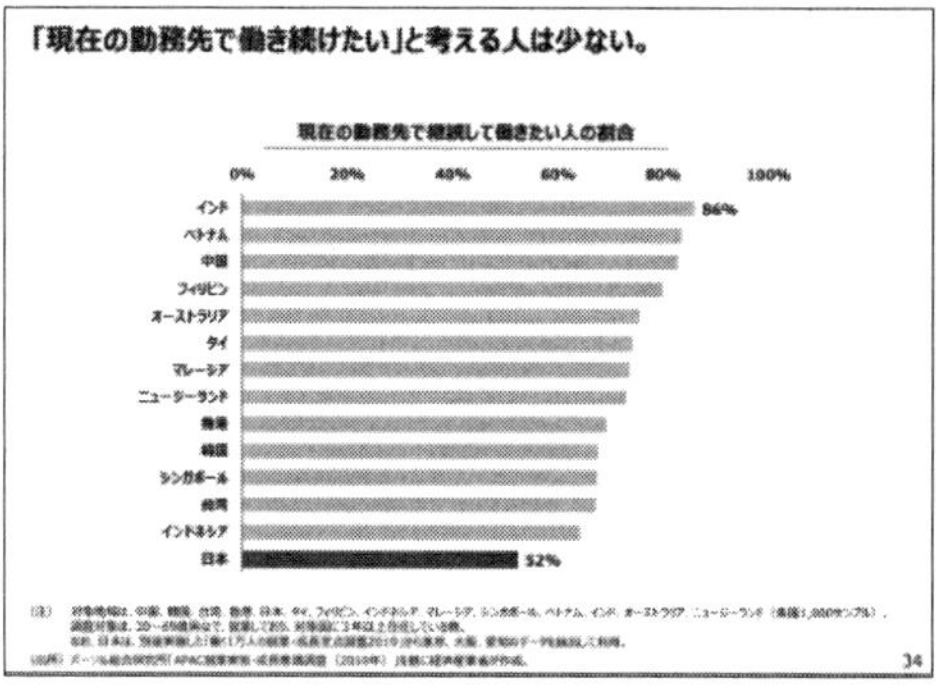

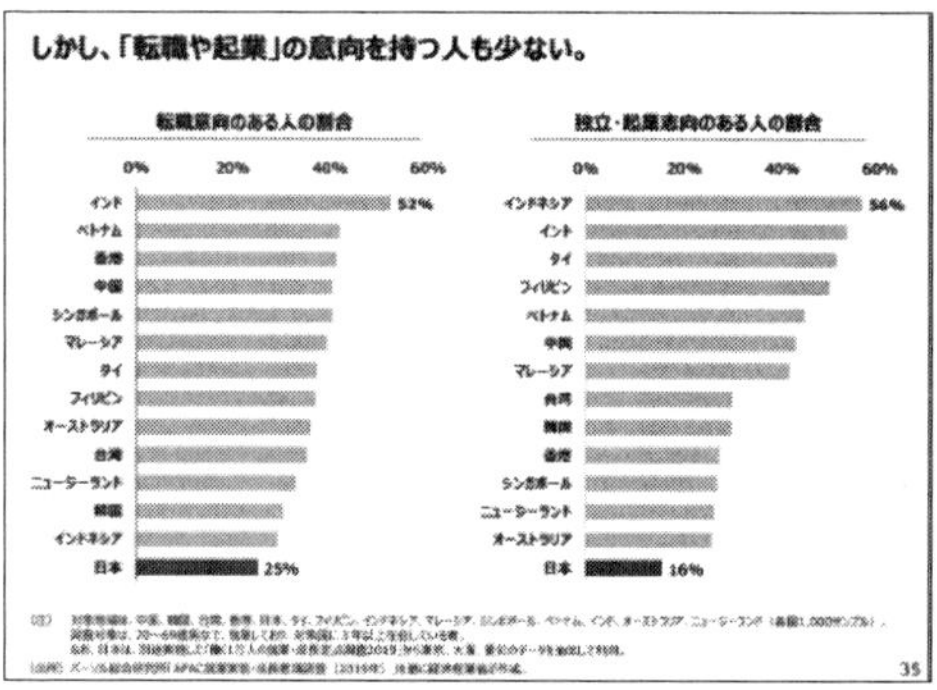

出所：未来人材ビジョン（令和４年５月）経済産業省

の記述を参考にすると、日本型雇用の仕組みである新卒一括採用、年功序列、終身雇用の構造的な問題があると指摘しています。欧米だと、従業員エンゲージメントが低い社員は成果も出せていないことが多いため、自ら活躍できる職場を求めて転職するか、離職を勧告されます。日本人には冷徹に聞こえるかもしれませんが、意欲も成果も高まらない環境であれば悪化する前に環境を変えたほうがお互いに健全という慣行が基本です。日本企業は解雇規制があり、簡単にはいきません。就業環境や上司との相性などで従業員エンゲージメントが下がった社員は、その企業の中で滞留します。その結果、低離職だけど低従業員エンゲージメントの従業員が生まれます。また、離職率は低いが従業員エンゲージメントも低く、組織の活力が出ないという日本の大企業が非常に多いようで

グローバルエンゲージメントサーベイ【図 15】

コーン・フェリー
グローバルエンゲージメントサーベイ700社700万人実績データ推移

✓ 日本企業の社員エンゲージメント水準は絶対値が低く、過去10年でみても緩やかな悪化傾向にある。

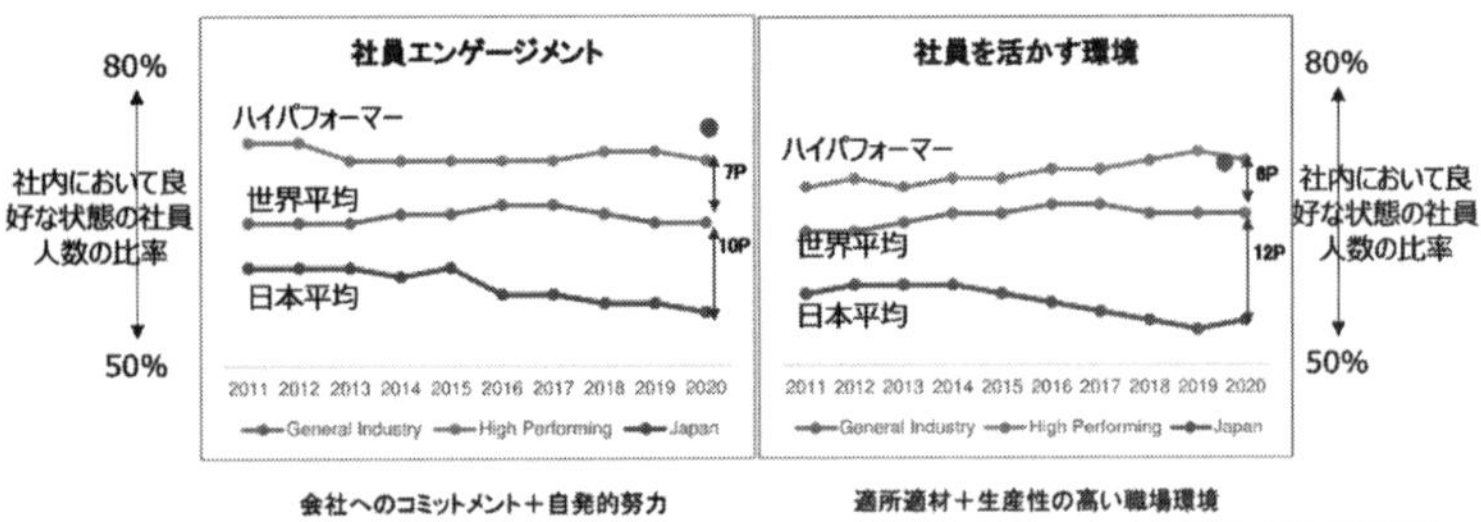

出所：中原淳氏と考える、組織サーベイ・フィードバック

す。

国際比較調査グループＩＳＳＰ（International Social Survey Program）が２０１５年に実施した調査「仕事と生活（職業意識）」の結果から31の国・地域を比較した、日本人の仕事に対する意識の特徴についても見ておきます。各種データの統計的な見方などは省いて大きな特徴を整理すると、

・日本人は仕事にストレスを感じる（5割以上）のが先進各国と比べて高い
・日本人は週に50時間以上働いている長時間労働者の割合が42％で中国に次ぐ高さ
・日本人は仕事を自分ひとりでできると思う、と回答する人が2割以下（西欧諸国だと8割以上）
・日本人は仕事を面白いと感じる割合が低い　男性4割女性5割（多くの国は7割程度）

となっています。これらを引き起こしている因果関係を見ると、

①個人の権限や責任、仕事内容が明確に決められていない
←
②些細なことでも自分で決められず、いちいち上司に判断を仰がなければならない
←
③仕事の自律性が低い（自分ひとりでできると思う人が少ない）
←

④仕事を面白く感じることがない　④長時間労働者の割合が高い
←
⑤仕事にストレスを感じる

逆に、仕事の自律性が高いと仕事が面白いと感じられ、意欲も高まり生産性が上がる、という結果が出ているようです。これは雇用労働と経営の立場を両方経験している私からも納得のいく結果です。自律性が低いのは権限の話もそうですが、職場の周りと歩調を合わせなければならない、全員に同意を取った上で進めないといけないといった文化が見えないところで仕事の時間を長引かせ、苦しみを増している部分だと思います。

4 江戸時代は幸福だった

この章の最後に、江戸時代に焦点を当てます。江戸時代の働き方に戻ると幸せ、との提言を冒頭にしましたが、では実際に江戸時代の人々は幸せだったのか、を見ていきたいと思います。

江戸時代は、現代のように主観／客観のデータが十分にそろっていません。そこでどういう風に江戸時代の人々が幸福であったかを測るか、というと、その時代の異邦人の日本人に対する記録を見る考え方をします。ある文明の特質は、それを異文化として経験するものにしか見えてこないとする文化人類学的な考え方に則るものです。そのいくつかの異邦人の記述を抜粋、引用します。

【1】1858年、日英修好条約を締結するために訪れた英国使節団の一員オズボーンの寄港地長崎での印象

この町でもっとも印象的なのは（そしてそれはわれわれの全員による日本での一般的観察であった）男も女も子どもも、みんな幸せで満足そうに見えるということだった。

【2】1863年、スイスの遣日使節団長として来日したアンベールの記述

「江戸庶民の特徴」として、「社交好きな本能、上機嫌な素質、当意即妙の才」をあげ、さらには「日本人の働く階級の人たちの著しい特徴」として、「陽気なこと、気質がさっぱりとして物に拘泥しないこと、子供のようにいかにも天真爛漫であること」と数えあげる。

【3】1862年、米国の地質学者／鉱山技師のパンペリーが幕府領と津軽藩領の住民を比べた際の記述

日本の幕府は専横的封建主義の最たるものと呼ぶことができる。しかし同時に、かつて他のどんな国民も日本人ほど封建的専横的な政府の下で幸福に生活し繁栄したところはないだろう。

これら欧米人の著述ではほとんどが民衆の生活の豊かさについて証言しています。基本的な衣食住に関する豊かさで、江戸の幕藩体制の生活で悲惨極まりないイメージを持つ私達にとって、落差があるように感じたのではないでしょうか。

他にも、大江戸ボランティア事情（石川／田中著）から引用すると、江戸時代は、大してお金を持っていないのに我々が想像するほど生活には困っていない、お金以外の価値観がいくつも並行して存在していた、と言われています。そのため、公の仕事の大部分をボランティアが担当していたと言われています。皆が様々な仕事を自発的に負担するような人間関係でした。絆は強いが結束しない、相手を感じ取り必要な時には助けるがおせっかいはしない、助けてもらうことはあるが依存しないという呼吸の中で生活していました。

江戸の長屋は、様々な職業や年齢の人が住み、極めて多様性に富んでいました。長屋は狭い土地にたくさんの人が住んでいました。都市設計の原則の中に人口密度を高くする、というのがあるそうです。これは人との接触を多くするほうが、安全で文化的な都市を作れる趣旨からです。更にゾーニングをしないことも原則にあります。ゾーニングとはオフィス、商店、工場、住宅など機能の違う建物をそれぞれ各地域に分けて建てることです。江戸の町は、長屋が普及するにしたがって色々な人々が混成し、職業のデパートのようになり、自然にゾーニングの無い都市になっていきました。こうした中にいると、行政や政府に頼らず自分達で大抵のことは解決しようとする意識があり、法律的な解決や、お金でプロを雇って解決するよりも、実務上の解決能力という点では、現代よりも江戸時代のほうがはるかに高かったと言われています。

前述の幸福度の纏めのところでも触れたように、仕事を含め多様な人間関係を持って人と関わる時間が多く、社会貢献活動に参加している、つまり地位財ではなく非地位財の中で過ごしてきたことは幸福に繋がりやすいのではないかと思います。結果的に、欧米の異邦人から幸福に満ち足りた姿のように見えたと考えられます。

第4章

令和の幸せな働き方

1 結論

1 江戸時代の複業的な働き方が最も幸せに近い

第2章で労働の歴史、第3章で幸福についてみてきました。ここまでは、どちらかというと背景や歴史、事実の整理の位置づけでした。2章、3章を踏まえた上で4章からは私の提言する幸福に近づく働き方を論じていきたいと思います。

まず本書の冒頭で述べた結論を改めて述べると、江戸時代の複業的な働き方が最も幸せに近い、です。

この働き方の具体像をこの後示していきますが、2つの前提に立っています。

前提1：日本的な雇用慣行（新卒一括採用、終身雇用、年功序列等）は、1世代（30年）程度は継続される

これは、今話題の職務定義を明確にしたジョブ型雇用の導入や、副業推進、正社員の業務委託化、週3日など働き方に関する制度や慣行が変化してきておりますが、一部の大企業に留まると考えているからです。企業で中核を成す40～60代の労働者が引退する20～30年後までは今の形が保たれると思っています。

前提2：神道・仏教・儒教をベースにした日本人の根っこの思想と、江戸以降の100年以上の層を成す労働慣行は革命的なことが起こらない限り陸続きで継続される

ビッグヒストリーと呼ばれる学問分野があり、これは宇宙の始まりから現在までの超長期の歴史を紐解いていくものです。ここまでの話ではないですが、今後の未来の流れを予測するにあたり、10年以内の細かい変化を見るのではなく、100年単位の歴史のうねりを元に予測することが必要です。それにより、表面的なデジタル政策や流行の考え方よりも、3宗教や江戸時代からの層の積み重ねを見ていく必要があると思っております。

複業的な働き方をもう少し具体的に言うと、完全に異なる職業を複数持った上で働く、ということです。例えば、IT会社の社員として勤めながら、飲食店を営むといった姿です。これは昨今流行っている、仕事終わりや隙間時間で別の仕事を行い、小遣いを稼ぐような副業とは異なるものです。イメージとしては、生活給を稼ぐメインの仕事と、自分の興味をもった仕事を掛け持ちする形です。3つ以上の職業を兼務しても可と考えます。スキル習得の余裕や、市場価値などを含めて検討すればよいかと思います。

この複業的な働き方を行うことによって、今まで述べてきた幸福の要素/因子を満たす可能性が高くなる（＝江戸時代の働き方）と考えています。自分の興味を持った仕事をサブ的に掛け持ちすることで、「人生で1番時間を費やす仕事に熱意を持って取り組む」「1日人と6時間以上関わる」「職場での友人を持つ」「職場でのちょっとした雑談」「・色々な年齢、職業、性別、国籍の多様な友人を持つ」の可能性を上げることができます。

ひとつの職業/職場では、従業員エンゲージメントが低い社員が多い中で、自律的に熱意を持って仕事に取り組むことは難しいと考えます。また、そうした職場で、多様な友人を持って雑談するというのも難しいです。やりたい仕事、自らを表現できる仕事を複業として持つことで、「自分が面白いと思う/やりたい対象に目標を設定し、自分のペースで成長して目標を達成する」「人の目を気にせず自分らしく振舞う、過剰に周りと同調しない、他人と比較しない」ことを達成し、働くことを人間本来の喜びに繋げることが容易になるのではないかと思います。

神道の和を大切にする考えとしては、業務委託やジョブ型だとどうしても日本人に馴染まないし、家に奉仕して繁栄を共にする御恩と奉公、長幼の序を大切にする年功序列を重視する儒教の考え方を考慮すると、それらを完全に崩した形も現実的に難しいと思います。

更に、仕事が幸福に強い影響があることを考慮すると、嫌な仕事を続けていると人生がかなり不幸なものになる可能性が高いです。個人事業主の方からすると、どの会社でサラリーマンをやっていても大差ない、自分で努力してもどうしようもない、と言われる部分があります。ただ、近代化が進んだ現代で安定を求める雇用労働が崩れることは難しいので、全員が個人事業主／起業に移行することは現実的ではありません。正社員で二股をかける働き方がよいと考えます。

2 令和の幸せな働き方像

1 経済成長⇕停滞の中の価値観

令和の具体的な働き方像を具体的に述べる前に、我々が最も馴染みのある昭和以降の価値観を整理してみます。

1：昭和の中頃から平成に働き始めた人々（1947～1965年頃生まれ）

団塊の世代と呼ばれ、ベビーブームで他の世代と比べ圧倒的に人数が多い層です。人数が多い分、人より先んじろ、ということで競争意識が高い世代でもありました。いまでは死語となっているモーレツ社員、エコノミックアニマルで24時間働けますかと頑張り、1968年には世界第2位の経済大国となりました。人生は自由で軽やか、楽しいことが最上の価値でエンジョイしよう、の価値観でした。右肩上がりのバブル景気で、かつ売り手市場であったため苦労なく正社員になることができ、貯蓄より消費を謳歌する世代でした。

2：平成から働き始めた人々　（1966～1994年頃生まれ）

サラリーマンで結婚し、専業主婦と子供2人が標準家庭とされる時代でした。この時代はバブルが崩壊し、就職氷河期で正社員になれない人が多くいました。少子化のため競争が少ないものの、将来に不安を抱えてその反動で超安定志向となりました。前の世代と異なり、安くてソコソコよいもの、プチ贅沢が流行った時代でもあります。草食男子が増えて、消費や結婚にガツガツしない傾向もありました。

3：Z世代　90年代中盤以降に生まれた世代

生活のデジタル化が圧倒的に進んだ世代です。スマホネイティブでSNSも誰もが使っているような状況でした。自己承認欲求と発信欲求が強く、インスタ映えが流行りました。人生の多くをアベノミクスで過ごし、超人手不足によりダイヤモンドの卵と呼ばれ、不安や競争のない安定した生活を望み、実現してきました。せかせかせずに、まったりと自宅で過ごすことを好む世代です。ただ最近大学生に話を聞くとyou tubeを倍速で見てタイムパフォーマンスを非常に意識すると言われていたので、案外せかせかしているのかもしれません。

こう見てみると、経済成長を大きく遂げている間は、地位財を求めて必死に働くことがよしとされました。そしてバブル崩壊、就職氷河期で仕事が無くなるとまずは衣食住を確保して生活をすることが最優先に。経済成長が停滞する状態になると、自己実現や高望みしない安定的な生活＝非地位財を求める、という流れになっていることがわかります。

令和以降としては、毎年の経済成長が１％程度となる成熟・定常的な経済が進む【図16】と想定され、資源の浪費や自然の搾取を伴わないような精神的・文

日本のGDPの推移【図16】

日本経済は95年ごろまでは右肩上がりで成長し、その後は５兆円前後で停滞

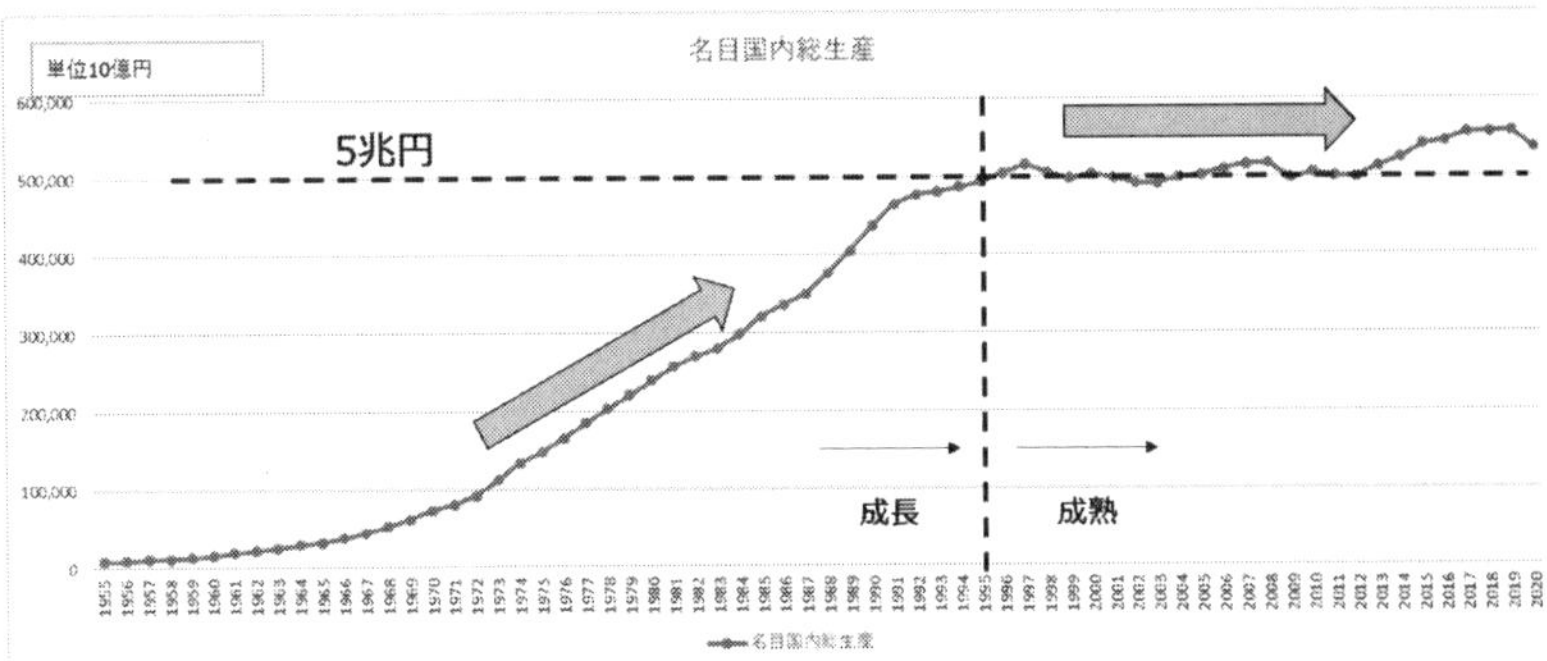

出所：内閣府　長期経済統計と2020年度国民経済計算

化的な価値の創造や発展へ進むと考えられます。そこでより自分らしい生活、多様な働き方、70億分の1の人生設計が求められる時代となってきます。人口減少社会のデザイン（広井著）によると、人類の歴史で人口の拡大・経済の成長が止まり定常状態に至ると言われ、その状態が3つ存在するとします。①「狩猟採集」（5万～1万年前）②「農耕社会」（紀元前5世紀～3，400年前）③「産業化社会」（現代）。そのような定常状態になると、資源の浪費や自然の搾取を伴わない心の充実を図る文化的創造のほうに重心が移ると言われています。成長せずに行き詰まりの状態になると新しい精神的価値を見出さなければ人は生きづらくなる、ことだと感じています。現在の令和でもそのような状態になっているのではないでしょうか。

2 6つの就業形態の幸福順位

令和に即した具体的な働き方をここから論じていきます。今まではどちらかというと職業選択の向き不向き、100年時代のキャリア設計、副業でメインの収入を追加するといった観点での働き方論が多かったと思います。本書では、経済的に豊かになる、市場価値を高めるジョブ型雇用時代のキャリア構築、ではなく、「幸福」になるためにはその前段である就業形態の選択が極めて重要であると論じます。私の個人的な体験からもそうですし、本書で整理してきた労働×幸福の事実・データ、成熟・定常社会の現状から見ても就業形態をどう選択するかが幸せに繋がると考えています。

幸福を追求しやすい就業形態を順番に6つ列挙しました。あくまで幸福追求であり、経済性の追求は劣後すると捉えてください。

1位：個人事業主／起業

複数の職業を持って多様な友人を持ち、仕事に情熱を持つ＝幸せになることに最も適している就業形態です。働く時間や場所、働く仲間を最もフレキシブルに自律的に選択できます。但し、自らが営業して売上を立てる必要があり、経済的な安定性が高くない点と、商品開発、顧客対応、経理等を苦手な分野があっても一気通貫で1人でこなす必要があるため、リスクが高く万人におすすめできる形態ではありません。また、起業にいたっては、先述のデータからも起業意欲がそこまで高くないことや、人を雇う費用や管理するマネジメント力も必要になるため、こちらも同様です。一方で、会計処理や契約書を結ぶ、スケジュール管理などの各種外部サービスの利用が低価かつネットで最近は利用できるようになっています。加えて、コロナに関わる国の補助金も充実していることから、独立／起業のハードルは下がってきていますので、チャンスがあればこの形態を採用するのもよいと思います。とはいえ、雇用の安定性を重視する傾向が人にはあることから、わかっていても選択することは難しいと言えます。（現状9割の方が雇用労働を選択していることもそれを示しています）

2位：正社員×正社員　↓1週間の過ごし方例を後ほど記載

幸福を追求するにあたり、現実的な選択肢として私が一番お勧めする就業形態です。雇用の安定性を確保しながら、複数の職業、多様な友人、仕事に情熱を持つことに最もバランスがよいと考えます。この形態は、2つの異なる職業で週3日正社員×週3日正社員（日曜のみ休み）を想定しています。最初に私が提唱していた江戸時代の働き方を遂行する近似的な形であると考えています。ひとつは経済的に稼ぐ職業だがつまらない仕事、ひとつは稼ぐことは難しいが自律的に面白い仕事を選択するイメージです。そして極力休みと仕事を混在させる週6日仕事する形です。但し最大の問題は、現実的な問題として企業でこの形態を採用しているところがほぼ皆無、です。社会保険労務士／税理士に伺ったところ、この就業形態は理論上現在の法律でも取りうることは可能だそうです。企業側からすると100％1社に従事してもらえない分、単純な割り算給与より減額される可能性があります。しかし、職業を2つ持つことで転職の負の側面（次の会社で給料下がったらどうしよう、うまく職場に馴染めなかったらどうしよう）をリスクヘッジすることができます。

3位：正社員×個人事業　→1週間の過ごし方例を後ほど記載

正社員の雇用の安定性を最大限享受しながら、個人事業主／起業のメリット（自律性など）もつまみ食いしようという考えの就業形態です。この形態は、週5日は正社員で過ごしながら、空いている時間で副業的に個人事業を行うスタイルです。大半の時間を正社員で過ごすことから、正社員の自律性の低さといったデメリットを打ち消すほどの効果は無いかもしれません。ただ、選択のハードルとしては1位と2位に比べると格段に低く、認知度も高い状況です。所得が年間20万円を超えなければ確定申告の必要性もありません。厚生労働省が副業・兼業の促進に関するガイドラインを策定して公表していますが、最近では最も推奨される一般的な副業の働き方となっています。

4位：正社員

業務委託や派遣、パート・アルバイトの比重が高まってきているにせよ、依然として現在多数を占める就業形態です。今まで論じてきたように、1社にコミットして働くため、自律性が低く仕事に面白みを感じることが難しく、周辺の同僚／上司との関係が悪化しても逃げる場所がありません。多様な友人を持って比較の多様性を持って他人との評価に一喜一憂しない、といったことも難しいため、現代の日本の雇用慣行では幸福に繋がりづらい選択肢と考えられます。

4位タイ：有期雇用、短時間勤務（パート・アルバイト）

勤務の柔軟性が高く正社員ほどの責任を負う必要が無い点では、正社員よりも精神的な面で優れています。しかしながら、数か月程度の短期的な安定性や少額の収入を確保することはできても、定型的な仕事のみの従事やスキル習得が望めない、それに伴って自律性や中長期の雇用、及び纏まった収入の安定性に欠ける面があります。前述した、長期の失業は伴侶の死より幸福にダメージが大きいというデータがありました。この就業形態は失業状態ではないにしろ、仕事の基盤が固まっていない中で長い時間をこの就業形態で過ごすことは、経済的な側面の負の影響の方が大きく、幸福に最も繋がりにくい就業形態と言えます。

より具体的に就業形態のイメージを持って頂くため、2位の正社員×正社員と3位正社員×個人事業主の1週間の働き方を記載します。今回、就業形態をテーマにしていますので、どんな職業なのか、どういう仕事をしているのか、お金や時間管理の実態、といった面はあまり深堀して記述しておりません。

【2位：正社員×正社員　形態の1週間】

あるビジネスパーソンXさんは、大手メーカーで広報に勤めています。正社員で平日週３日勤務です。週３日でのフルタイム雇用契約を結んでおります。また、飲食店にも並行して勤めております。こちらも正社員で、平日２日分、休日１日分の週２日勤務です。週２日分のフルタイム雇用契約を結んでおります。メーカーの広報のほうが給料もよく、どちらかというとメインで稼ぐ仕事。しかし、大手企業で求められる仕事の水準が高く、かつ社内での各部署との関係者調整で胃が痛くなる日々もあります。一方で、飲食店の仕事は、小遣い稼ぎの側面よりも給料的には準メインの位置づけで従事。昔から人に接する仕事は好きで、楽しく取り組んでいます。メーカーにはあまりいないタイプの友人もでき、メインの仕事があるおかげで、上司に慮ってストレスを溜めるようなことはなくフラットに話ができます。

正社員×正社員　Xさんの１週間の働き方【図 17】

	月	火	水	木	金	土	日
午前	正社員①	正社員①	休暇	休暇	正社員①	正社員②	休暇
午後	正社員①	正社員①	正社員②	正社員②	正社員①	正社員②	休暇

正社員①：メーカー広報　正社員②：飲食店

飲食の店舗にヘルプで休みの時間に入ることもあり、休暇の時間が削られることもありますが、人の役に立っている／充実している時間を過ごすことができ、働き方としてはまずまず満足しています。

このような働き方は、現時点でいきなり実現することは難しいと考えます。大手企業が最近導入している週4日勤務制はどちらかというと正社員×個人事業主の副業的な働き方、もしくは週3日休暇で休養を多くとる思想だと思われますので少し位置づけが異なります。この働き方のよいところは、正社員で二股をかけている、というところです。単純にメインの仕事が2つあるので、今いる会社で上司に逆らうとどうなるかわからない、出世できない、もしくは同僚との関係が悪化すると居づらくなる、といった気持ちが「幾分」和らぎます。また、何度も述べていますが、準メインのほうで熱意のある仕事に就くことができれば、仕事の満足度も上がりますし、友人の数ではなく多様性という意味で持つことができます。教育を受けるのを終えたらひとつの職業に就く、という常識を疑った結果、発想された就業形態です

【3位：正社員×個人事業主　形態の1週間】

あるビジネスパーソンAさんは、ＩＴ会社でプロジェクトマネージャーを勤めております。正社員で平日の週5日勤務です。この会社では、副業が積極的に認められています。そこで副

業としてwebデザイナーも行っており、年間で多少売上が立つため、確定申告も行っております。働き方としては、IT会社の正社員として1日8時間×週5日で雇用契約を結んでいるため、その仕事がメインとなります。ただ、成果を出せばある程度自由に時間を調整できる立場であることから、空いた時間でwebデザインの仕事を行っています。平日は週3日×1~2時間程度を費やし、土日のいずれかの日に4時間程度費やしています。土日の残りの時間で疲れを癒したり、家族団らんの時間としています。Aさんは、IT会社での仕事に充実感はあるものの、最近は人間関係や社内政治で士気が低い状態となっています。webデザイナーの仕事は元々デザインに興味があって趣味として描いていたこともあり、やりがいがあります。とはいえ、掛けられる時間が少ないため収入としては小遣い程度となって

正社員×個人事業主　Aさんの1週間の働き方【図18】

	月	火	水	木	金	土	日
午前	正社員	正社員	正社員	正社員	正社員 ①	副業	休暇
午後	正社員	副業 正社員	正社員	正社員 副業	正社員	休暇	休暇

正社員：IT会社　副業：webデザイナー

います。

このような働き方は、現状でも実践している方も多く、正社員のサラリーマンでも実行可能な形と思われます。副業が可能な状況で、時間管理がきちんとできれば十分実践可能です。正社員×正社員、正社員×個人事業主でも厳密に言うとそれぞれの比率が異なるため、比率毎の幸福度を筆者が独自に判断してみました。【図19】

3 これからの就業形態は個人事業主／起業が増えて正社員が減る

本書の前半で、2017年時点の就業構造（総務省　就業構造基本調査）をご覧頂きました。それをベースに、今後どうなっていくかを予想いたします。成り行きの予想の側面と、私の提言している将来の

正社員×正社員　正社員×個人事業主の幸福度比較【図19】

	両方の比率が同程度	比率に偏りがある場合 ①	比率に偏りがある場合 ②
正社員×正社員	3位 正社員 / 正社員	5位 正社員（主） / 正社員	2位 正社員 / 正社員（従）
正社員×個人事業主	4位 正社員 / 個人事業主	6位 正社員 / 個人事業主	1位 正社員 / 個人事業主

就業形態の予想という側面双方を加味して描きます。

まず2017年の構造ですが、1位正社員52・3%、2位パート・アルバイト22・3%、3位契約社員10%、4位自営業8・5%、5位会社役員5・1%、6位家族従業員1・8%の順番と比率になっています。2022年現在から18年後の2040年の構成予想として、まず正社員の形態が減少すると踏んでいます。これは多様な働き方を追求していく中、かつ細切れの働き方が（Uber Eats配達員などのギグワーカーなど）台頭し、個人事業主／起業としての働き方が増加すると踏んでいます。【図20】

これは（選択できるのであれば、の前提で）私が幸せな働き方を追求するには個人事業主／起業が最も好ましいと主張してきたことと符合すると考えます。次に、正社員の構成が変化すると予想します。現在ではほとんどの正社員が単独1社に勤める形態ですが、①正社員のみ②正社員×個人事業主③正社員×正社員の3種類に別れると思っています。正社員×正社員は、企業の労務管理や社会保険などの関係で法律や制度の変化と浸透がどうしても遅れると思い、比率は少なめにしております。雇用される不自由さよりも自由を求めることでパート・アルバイトは少し減少し、正社員の減少と合わせて自営業に流れると考えています。契約社員は同等程度と見込みます。

ビジネスの新陳代謝の意味合いもあり小規模なスタートアップや、デジタル環境が整う中で起業しやすくなるため1人社長スタイルの会社が増えるとみて、会社役員と家族従業員は微増と考えています。結果として、1位正社員50％（正社員のみ35％、正社員×個人事業主10％、正社員×正社員5％）、2位パート・アルバイト18％、3位自営業14％、4位契約社員10％、5位会社役員6％、6位家族従業員2％と想定。

今後、成熟・定常型社会が続く中で、近代化の傾向、つまり安定期な雇用と収入を労働者が欲しがる雇用労働者が大半を占める位置どりが固定されると考えます。一方で、これ以上の収入の増加を目指した生活よりも自分らしい働き方や幸福を目指す働き方が増えると想定し、個人事業主の増加と、私が提言した正社員×正社員と正社員×個人事業主の働き

就業構造の比較表【図20】

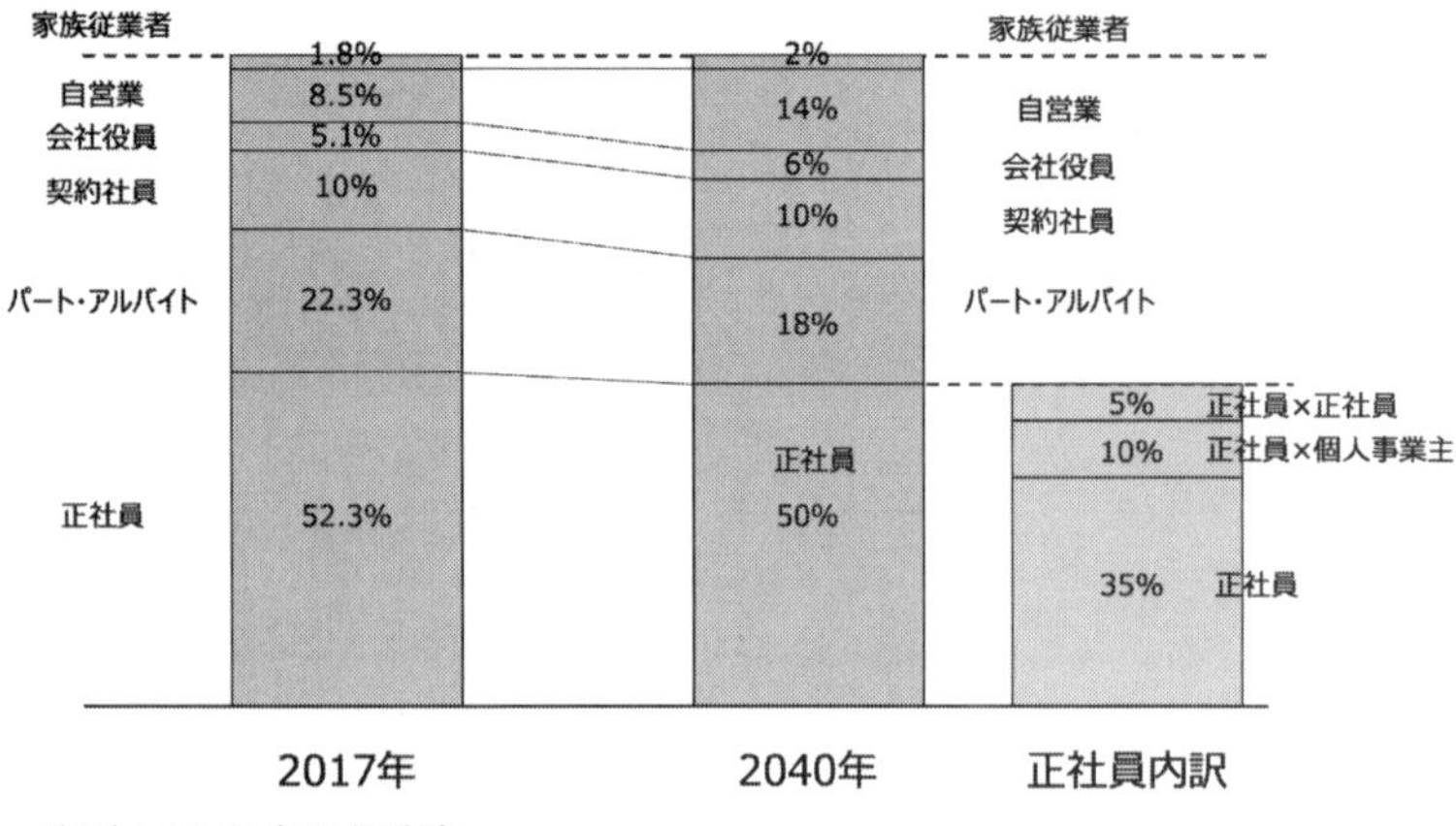

出所：2017年は総務省

方が増加すると予想します。

3 幸せな働き方を導出する観点

1 2切り口 〜個人事業主／起業か雇用労働か〜

まず何度か触れてきていますが、幸せな働き方を追求するためには、自分に適した職業を選んだり、同僚や上司との相性が良い会社・組織を探す、AIに仕事をはく奪されないようなキャリアの築き方で食いっぱぐれないようにする、ことではありません。これは今までの経済成長優先の世の中で語られてきた尺度であり、収入が増えれば幸せになれる、ではなく、収入をある程度確保した上で幸せになるためにはどういう働き方をすべきか、の視点で考えなくてはなりません。念のため断っておきますが、幸せになる要素として収入を得る／増やそうとすることとは全く不要と言っているわけではありません。ある程度の収入のレベルまで行くとそれ以上は幸せに寄与しなくなる、ということです。収入を上げる考え方は別の書籍を参照頂けると幸いです。

さて、ではどういう考え方ならば幸せな働き方を追求できるのか。ここからは著者である私の考え方として述べていきます。（今までの2要素×4因子は客観的な幸福学の研究から引用したもの）考え方として昔からあり、かつ今までも何度も触れていますが、

1：個人事業主／起業　self-employed／business owner

2：雇用労働　employed

の2種類どちらを選ぶかが、最も重要で先に決めるべき要素として挙げられます。これは新卒で雇用労働で働くという選択肢がほぼ前提のような現在の世の中になっていることからすると違和感があるかもしれません。いきなり新卒で自営業／起業しろ、と言われても稼げるかどうか不安過ぎる面もあると思います。なぜこの2切り口を最初に検討することが重要なのかというと、論じてきた幸せになるための要素、例えば仕事という人生の長い時間を過ごす要素が幸福を増すにはまず重要であり、その上で仕事に熱意を持つ、多様な友人を持つ、などを満たすためには、適切な職業や組織・会社を選ぶより重要だからです。

この2種類の向き／不向きの判定は後述するとして、まずは個人事業主／起業と雇用労働のそれぞれの特徴を押さえましょう。

■個人事業主／起業

1―自らの裁量で働く時間を決められる

企業に属すると、就業時間や休日は規則で決められていて、役所や銀行に行く場合は有給申請を取っていかなくてはならないなど不便なことがあります。閑散期／繁忙期にも関わらず就業時間内は勤務しなければならず、非効率と感じることもあります。一方、個人事業主では、海辺の店舗で夏場開店して冬は一切休むといった自分の考えやペースで働くことができます。気分が乗らないから今日は休み、休日でもアイデアが浮かべば働くといったこともできます。逆に言うと、働くリズムが常に変動するので、自らを律することができないと容易にサボってしまったりすることになります。

2―自らの考え方／ルールで働くことができる

企業に属すると、報告・連絡・相談の仕方や、業務中に着る服装、ビジネスの方針に従って仕事を進める必要があります。自分が納得できないことや、周りの人と合意しながら進めるのが苦手だとかなり苦痛です。この点、個人事業主だと自らが全ての仕事の進め方を決定できます。但し自分で全部決めないといけない、他の誰からも意見をもらうことができない＝成長することや、自分が気づいてない部分を自覚する、のが難しいところです。自分で全て決められる反面、誰も何も決めてくれない、とも言えます。

3―稼ぐ金額をコントロールできる

企業に属すると、一般的には給料は毎月定額です。昇給や成果型報酬を別にすると、頑張っても頑張らなくても毎月の給料は一定です。個人事業主は、いくら売り上げたら経費と税金を差し引いてどれぐらいを手元に残すのかをある程度コントロールできます。儲かった時に、取ってくる仕事の案件数や質を緩くして1週間のうち2日だけ仕事をする、といった柔軟なことができます。

4―節税が可能

企業に属すると、給料から所得税や社会保険が引かれた手取り額が支給されます。この時、企業で購入する書籍や会議などの飲食を経費で落とそうと思ってもできません。個人事業主の場合、自宅の仕事場の賃料や書籍、パソコン代の償却など経費を計上しての節税で税金を安くするといったことが可能です。個人的には、手元の資金を減らす節税策は本末転倒だとは思いますが。

5―収入が不安定

個人事業主の特徴として一番に挙げられるといっても過言ではないのが収入が不安定、です。企業に属せば毎月定額の給料が入ってきます。3の稼ぐ金額をコントロールできるところと表裏一体なのですが、毎月の収入の変動制が極めて高いです。毎月の定額収入の場合は貯金や生活費の計画が立てやすいですが、収入が変動するとその調整が難しくなります。変動に応じたバッファ貯金が必要になってきます。

6―雇用労働の会社員より社会的信用が低い

個人事業主は5で挙げたようにサラリーマン会社員よりも収入の変動が激しいため、どうしても社会的信用が低くなってしまいます。家や車の購入で大きな金額のローンを組む際に難しい可能性があります。取引に際しても、企業よりも個人となると、信頼を得ることが難しいと言えます。（起業して有名な会社に成長させられればこの限りではないかもしれません）

7―全ての業務をこなす必要がある

企業に属していると、営業マンであれば、売り上げた金の回収や、会計処理などはしなくて済みます。税金の計算なども任せることができるでしょう。一方個人事業主では、全ての業務を自ら（もしくは外部の業者にお金を払って委託）行う必要があります。商品／サービスを作って営業をかけて、お金を回収して会計処理をする、必要に応じて銀行からお金を借りる必要もあります。（起業の場合は、人数を増やせば増やすほど分業を図ることはできます。人を雇うと給料を払う責務が発生する別の意味合いがありますが）

■雇用労働

基本的には自営業の特徴と反対なことが多く含まれていますが、整理していきます。

1―働く時間がしっかりと決まっている

朝9時から仕事して夜6時に退社する、平日月曜から金曜働いて土日は休む、と働く時間がしっかりと決まっているのが雇用労働の特徴です。これは強制された枠組みで嫌に感じることもあるかもしれませんが、働くリズムが出来上がることもあり、規律正しく過ごせるメリットもあります。休みが長いと調子が狂ってしまう方もおられるのではないでしょうか。これは休暇の日は律するリズムが無いからです。雇用労働と個人事業主／企業の両方を経験すると日常的に気づくことができます。

2―方針やルールが用意されている、教育を受けられる

これは組織や上司によって、社内で申請する書式、売る商品や営業トーク、同僚や上司への連絡の仕方、評価制度など方針や枠組みが整っていることを指します。企業に属すと当たり前のことかもしれませんが、個人事業主では全てを自分で決めないといけません。誰に何の商品をどのように売るのか。また、上司から指導としてフィードバックを受けられる点も重要です。誤っている箇所、改善が必要な箇所を指摘してくれます。これは個人事業主だと味方側で指摘してくれる人はいません。顧客から文句を言われることはありますが、最終成果物に対してであって、普段の素行や成果物に至る細かいビジネススキルについては何もいってくれません。

3―収入の金額が固定的で安定して得られる

これも普遍的なようで戦後の雇用労働の進展に伴い定着化していった概念です。雇用労働であれば、毎月の20日or25日に税金や社会保険は引かれるも、手取りとして口座に会社から必ず振り込まれます。毎月定額であるが故に安心して生活費や貯蓄の設計がしやすくなっています。

4―社会的信用が高い

これは個人事業主の人の方が反対の立場として実感しやすいかもしれませんが、組織に属しているサラリーマンの方が安定した給料を得られる＝信用が高い、ということです。これは特にローンを組む際にローン会社や銀行から感じられるところです。収入は変動するより安定していた方が、金を貸す側も安心できるからです。もちろん組織が大手になるほど更に信用は高くなります。

5―組織で役割を分担して行うことができる

これは雇用労働と個人事業主とを行き来すると凄く実感が湧くのですが、組織では営業、経理、開発、人事など部署が分かれて仕事を分担しています。役割が分担しているのは、個別の役割だけに特化できるので、習熟が早くなり専門知識が深くなるメリットがあります。一方で個別の役割に特化している分、全体感を見失いやすい、のもあります。

これらを纏めると、個人事業主／起業は、自由で融通が利くが不安定である。雇用労働は、枠組みに乗っかれて安定するも、融通が利かない。これはどちらもメリット／デメリットがあるにも関わらず、雇用労働がスタンダードな働き方として捉えられているのには違和感があります。もちろん国策として会社組織で税金や年金を適切に計算して納付してもらったほうが国の財源計算や個人の人生設計としては安定する面もあります。

2 4基準 ～人間関係、自律性、いきがい、自己受容～

幸せな働き方を追求する際に、個人事業主／起業か雇用労働の2切り口のどちらかをまず選択することが最も重要だと述べました。この2切り口のどちらが自らに適しているかの判断をする4基準を述べていきます。この4基準のうちどれを重視するかによってどちらが向いているかの判断ができるようになります。この4基準は、今までに整理した幸福の要素／因子をベースに、私のビジネス経験を加味して働く場面に対して構成し直したものになります。

①人間関係

江戸時代においては、ボランティアによる相互扶助で、生活環境では出会わないような多様な人間関係が築かれていました。また、複数の職業を掛け持ちすることで生計を維持するとともに、仕事の面においても属性や意見の異なる人間関係を持っていました。たくさんの繋がりがあることは自分が輝く場所／自尊心を保てる場所を見つけられる可能性が高まります。そして幸福の章でもお話しましたが、上司と一緒にいる時間は幸福度が下がりやすいと述べました。

ここから、ある職業では縦割り社会の中で上司とがちがちに仕事をする形で生計を維持し、もう一方のある職業では自分の好きなことを行いかつフラットで仕事ができる環境で行うことで、上司と一緒にいる時間を無くし、幸福度を高める形にするというのが考えられます。複数の居場所があることは一方が厳しい状況でももうひとつ居場所がある、という気持ちの余裕が持てることが大きいです。この点に置いては、上司とうまく付き合う方法を考えるよりも、個人事業主で上司自体を無くす、複数の職業で上司との接触時間を軽減する発想です。人間関係でできるだけストレスを感じることがない環境を選ぶことが大事、というのがこの基準です。

②自律性

江戸時代においては、先ほどにも挙げましたが、多様な人間関係の中で過ごすこともあり、能動的に職業や居場所を選択していくことが求められました。個人事業主が多かったこともあり、働く場所、商品、価格、狙う客などを自らが決める余地が大きく、意識せずとも自律性が高かったと思います。現代のビジネスでも言われているとおり、組織や上司から与えられたものよりも自分で工夫したり、目標を設定したりするほうがやる気が出る=幸福に繋がると考えます。人間は本来、何か物事を行う際に、自発的に創意工夫を楽しむ特徴があると考えます。自分で選択した工夫したことに対しては責任が持てるし、成長を感じて楽しくなるものです。

この自律性が発揮できる環境を選ぶべきであるというのがこの基準です。

③いきがい

まず、いきがいは、

「好きなこと」

「社会が必要とすること」

「得意なこと」

「収入を得られること」

の４つが交わるといきがいになる、というベン図のことです。（マーク・ウィン氏から引用）

【図21】これを仕事に当てはめてみます。

まず、自分がのめり込める好きなことに加えて、分野としての強み／得意なことである、のが重要です。好きなことだけれども、自分で実際にやってみると得意ではないことは往々にしてあります。例えば私は将棋が好きですが、観るのが主体で、得意ではないです。下手の横好き、というやつです。更に、収入を得られることも大事です。好きで得意だけれども、世の中みんなが好きで得意なものだと希少性が薄れてお金を稼げない結果になります。好きで得意なことが、供給を上回る需要がある、場合に稼げる、ということです。最後に、社会が必要とすること、です。これは一見すると必要ないように見えるかもしれません。言い換えると、人に感謝される／貢献している仕事です。好きで得意で稼げるけど、特段人から感謝されるような仕事ではない場合があります。金融業などは最たる商売かもしれません。

仕事に従事している人が無能感を感じるのは、人に貢献できている感覚が無い時、と言われます。大企業でお客さんから遠い場所で働いている時、金利や手数料で稼ぐ商売の形態の場合などはこの感覚を一度でも感じたことがある人はいるのではないでしょうか。

いきがいベン図【図21】

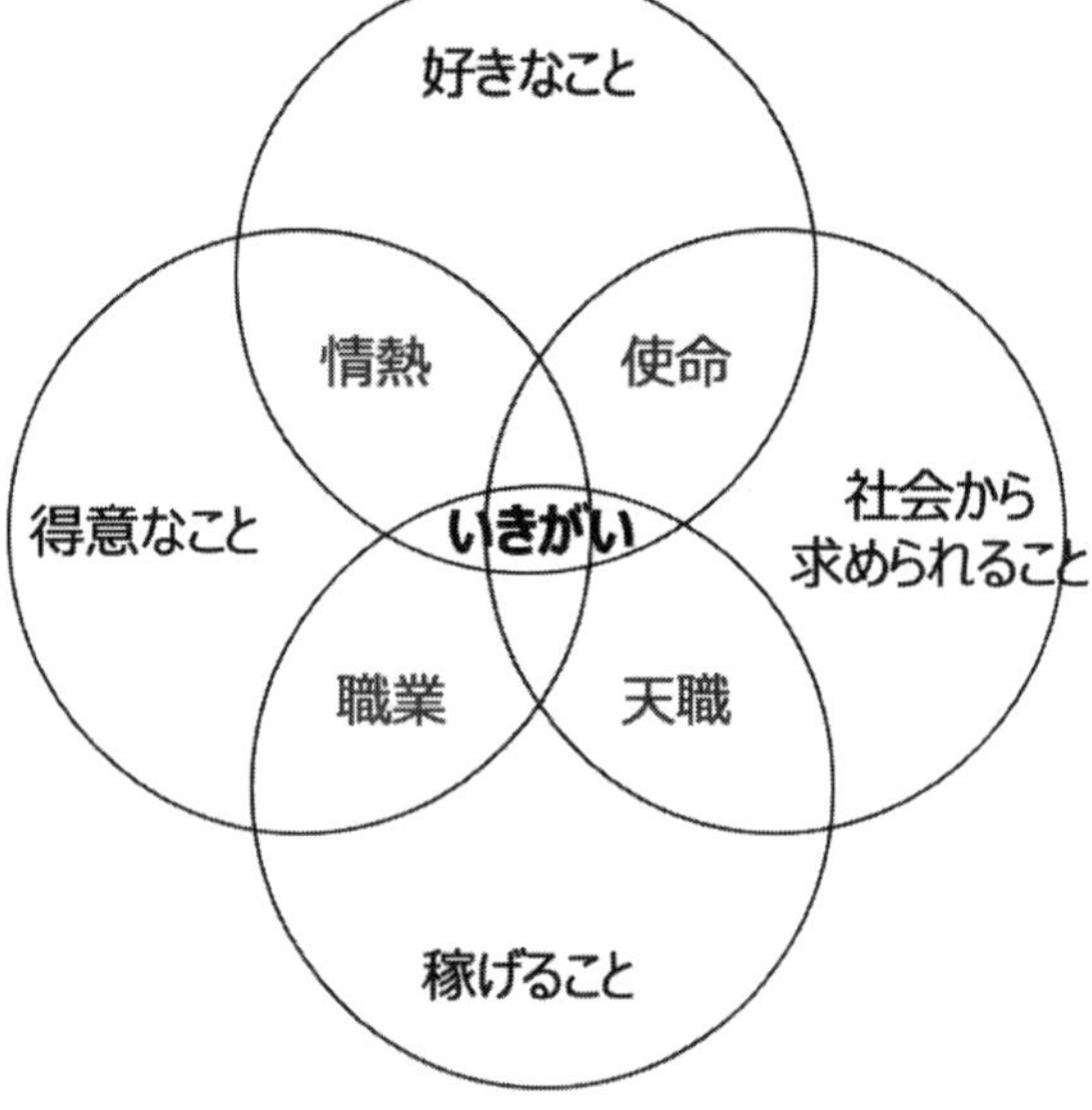

出所：マーク・ウィン氏のいきがいベン図を参考に著者作成

4つ全てを満たす必要はないかもしれませんが、幸福な働き方を選択する際の基準として挙げられます。

④自己受容

これは他3つの要素からするとやや難しい概念かもしれません。自分が望む生き方、目標、やり方を追求し、その自分を他人と比較することなく許す、受け入れる、という意味です。和や調和を重んじる神道や儒教の精神が根付いている日本では自分勝手に行動するのは難しいかもしれません。しかし複数の居場所を持つことで片方では好き勝手やり、片方では調和的な行動をするという形をすれば幸福度に繋がりやすいかと思います。また、自分の強み弱み、特性は備わっており無いものねだりはできないので、その自分を許すという感情も非常に重要になってきます。学生や社会人の働き始めだとこの自分を許す、というのは難しい行動だと思います。学業試験は順番をつけられ、SNSではすごい人の情報が大量に入ってくる。そこで自分らしく生きること、自分を許すこと、が幸福に繋がると考える基準です。

ここまでの整理から個人自営業／起業をただ進めてるだけなんじゃないか、と思われた方もいるかもしれませんが、お待ちください。雇用労働であっても4基準を満たすことができればそちらを選択することもありだと思いますし、個人自営業／起業であっても4基準を満たすことができないかもしれません。また、幸福を考えると個人事業主が向いていると思うが、自分の向き／不向き、置かれた環境を考えると選択は難しい状況もあると思います。ただ、本書において幸福を追求するための考え方を可視化して整理しておくのがまずは重要だと考えるスタンスです。

次は、2切り口の向き／不向きの診断に入ります。

4 向き／不向き、可能／不可能診断

2切り口と4基準の整理が終わりました。特徴やメリット・デメリットの話はわかったが、自分は個人事業主／起業、雇用労働のどちらに向いているかを知りたい、ということも重要だと考え、診断に向けた質問を私が独自に作成してみました。前回提示した働き方（就業形態）は現段階では現実的にほぼ不可能な選択肢も含んでいるため、この質問で適していると見なされても選択できない可能性があることはご承知おきください。

まず、大きく2つに質問は分けられます。

個人事業主／起業、雇用労働に対して
①選択することが可能か
②どちらが向いているか
で構成されています。

■①選択することが可能か

1あなたは学生or社会人ですか？
学生↓②の質問に行ってください
社会人↓次の質問へ

2現在の就業形態は、個人事業主／起業ですか、雇用労働ですか？
個人事業主／起業↓何も言うことはありません、今のままで頑張ってください（本書の読者対象ではない）
雇用労働↓次の質問へ

3会社では柔軟な働き方（副業、週3日勤務、業務委託等）が選択できますか？　もしくは会社が柔軟な考え方を持っており、将来的に制度が整えられて可能となりそうですか？

Yes→②の質問に行ってください

No→現状の働き方に満足して幸福と感じていれば現状維持、不幸と感じているならば柔軟な働き方ができる／できそうな会社に転職、or個人事業主／起業となる、もしくは家庭と職場以外の第3の居場所を探してください

■②どちらが向いているか

①の質問で、個人事業主／起業、もしくは雇用労働のいずれかの選択が可能な環境にいる、ことを前提とした上で②の質問を開始いたします。

以下の質問に対して、はいかいいえで答えてください。はいの数によって、個人事業主／起業、雇用労働どちらが向いているかを判定いたします。働いたことの無い学生さんは、イメージがつかないと思いますので、働いたとしたら多分自分はそう思うだろう、アルバイトやサークル活動で感じたこと、という直感で選択してみてください。各質問が4基準のどれに当てはまるかの分類もしています。

自律性	1	人と同じ行動をとることができる	はい／いいえ
自律性	2	組織の指示／意向に従うことができる	はい／いいえ
自律性	4	仕事は基本的に決められたことをこなすと考える	はい／いいえ
自律性	5	働く時間は決まっているほうがやりやすい	はい／いいえ
自律性	6	仕事は分業が当たり前の感覚と考える	はい／いいえ
自律性	7	今の仕事はつまらないが、仕事はそれが当然	はい／いいえ
人間関係	8	営業は不得意だ	はい／いいえ
人間関係	9	人との関係は調和を大切にする	はい／いいえ
人間関係	10	上司との飲み会は楽しく過ごせる	はい／いいえ
人間関係	11	組織／集団の中で窮屈に感じることはない	はい／いいえ
いきがい	12	給料が毎月変動するのは嫌だ	はい／いいえ
いきがい	13	自己紹介で会社／業種から説明する（職業ではなく）	はい／いいえ
		自己紹介で大学名から説明する（学部ではなく）	
いきがい	14	経済的／精神的に1人で生活していける自信がない	はい／いいえ
いきがい	15	数字／会計は苦手だ	はい／いいえ
いきがい	16	仕事は自己実現ではなく生活費を稼ぐ位置づけである	はい／いいえ
いきがい	17	休み明けの仕事は憂鬱になる	はい／いいえ
自己受容	18	人と比べる／比べられることが多く苦ではない	はい／いいえ
自己受容	19	生き方は自分で変化させられず、かつそれを受け入れている	はい／いいえ

質問への回答、お疲れさまでした。以下「はい」の数に応じて2切り口のうちどちらが向いているか、そしてどの就業形態が向いているかの結果を判定いたします。

「はい」の数　お勧め就業形態
19－12　社畜万歳！　サラリーマンは最高じゃわい　正社員オンリー
11－6　サラリーマンでは不満ぜよ　正社員×正社員、正社員×副業
5－0　今すぐ独立じゃぃ　個人事業主／起業

ちなみに、正社員×正社員、正社員×副業のどちらが向いているかも判断としてはあります。以下の考え方をお持ちの場合は正社員×副業の方が向いています。

1現状の働き方を崩さない、現状の延長線上で取り組みたい
2小遣い稼ぎがある程度できればよい
3副業でも色々な出会いがありそう
4確定申告なんて怖くない
5本業と類似の仕事で稼ぎたいためリスクを少なくしたい

一方で、以下の考え方ならば正社員×正社員をお勧めします。

1メイン業務を2つ持ちたい
2全く異業種の職業を持ちたい、スキルを多面的に磨きたい
3正社員同士で対等な関係を結べる居場所を複数作りたい
4個人事業のような冒険はしたくない、収入の変動は嫌だ
5確定申告が苦手

皆様はいかがだったでしょうか。正社員を長く勤めておられる方でそれなりに過ごしてきていても、質問に回答すると意外に独立のほうが向いていると結果が出た方もいるかもしれません。普段の生活でこのような質問に回答して向き／不向きを判定することは少ないと思いますので、何かしらでも気づきが生まれれば、と思います。
※尚、正社員×正社員の就業形態は、自発的に選択／行動していく、1社におんぶしない、という意味では、個人事業主／企業の考え方に近しいと位置づけています。

第5章

幕間

1 本書執筆の背景

第5章では、この本を書くことになった背景や環境、働くエピソードについて幕間という形で少し触れたいと思います。「はじめに」では少しだけしか書けませんでしたが、自らの人生のサラリーマン経験においての苦悩を知ってもらうことで、反面教師にしてもらいたい、活かしてもらいたい、そういう考えの人もいるんだと知ってもらいたい、のが背景としてあります。

具体的にどういう苦悩だったかというと、他と比べる物差しや居場所を持っていなかったが故に、上司からの改善点の指摘に対して自分は仕事ができない人間なのだ、という感情に支配されて自尊心が低かったことです。それは、ひとつの職場でしか働いていないので、ここで反抗してしまうと職場で干されてしまう、との危惧があったというのもあります。自分から言い返せない、反抗できないから上司から徹底的に指摘されてしまう、目の敵（上司の単なるストレス解消?）にされてしまう、それで自尊心を低める、職場の中で仕事ができない認定を受ける、という負のループを繰り返していたように思います。

結果、幸福から遠ざかり、自分の人生は不幸だ、と認識する状態に陥っていました。こうした負のループに陥っていない人もいると思いますが、すでに示したデータで日本人の従業員エンゲージメントが低い結果が出ているとおり、現在の職場で満足している人は少ないとみることができます。これはリスクを嫌う国民性なのか、転職／起業の意欲が低く、結果的に現在の職場に人間関係などで不満はあるけれども現職にとどまってしまうことにより起こっていることでした。

この負のループから脱出するための解決策として、現在働いている会社から転職する、部署異動を願い出る、上司が異動になるまで我慢する、平日は忍耐し続け休日で憂さ晴らしする、などが挙げられると思います。しかし、類似の職業／会社でサラリーマンとして1社に勤める姿を続ける限り、根本的な解決には至らないと考えております。転職して運よく素晴らしい会社に勤める、素晴らしい上司に出会うことができることはあるかもしれませんが。次の会社でも、合わない上司や息苦しい職場で従業員エンゲージメントが同様に低くなり会社が嫌な空間だな、と思う可能性は十分にあります。尚、サラリーマンから個人事業主に移った方の意見ですが、「サラリーマンであればどこの会社に行っても地獄。個人事業主になるしかない」と。極端な意見ではありますが、的を射ている側面もあると私は思いました。

では、社内の面倒くさい人間関係が一切なくなる個人事業主／起業ならば、一気に問題は解決するのでは？　と思われたかもしれません。私も幸せな働き方としては個人事業主／起業が最も望ましいと考えますが、毎月の収入が不安定となったり、働く時間や売り物一切を自分で決めて実行しないといけない特性などからそれらを選択できる人は先進国日本では少数だと思われます。また、それぞれが得意分野を分業して効率性を追求する方向にも経済的には向かいますので、江戸時代のような個人事業主／起業の就業形態が多数を占める世界に戻ることはあり得ないと考えます。

ですので、現実的大多数の方が選択できる幸せな働き方、となると、前に述べた「正社員×正社員」、もしくは「正社員×副業」がベストと考えます。但し正社員×正社員は、現在の企業の労働慣行や労務管理、社会保障などの制度的に選択が難しいと思われますので、「正社員×副業」が次点では望ましいと結論づけました。正社員×副業であっても、副業が働いている時間の比率が正社員に比べて非常に小さかったり、誰とも会わない／交流しない仕事であったりすると、私が描いている姿には遠くなることは念のため挙げておかなければなりません。世の中で副業が流行っており、異なったスキルを得られるとかダイバーシティと言われますが、正社員と副業と比較した時に副業の占める位置づけが極めて小さい場合あまり効果を発揮しないと感じます。この本を書くに至る背景、環境については以上です。

続いて、雇用労働（サラリーマン）でひとつの会社に勤めていた悪夢エピソードをご紹介します。銀行編とコンサル編に分けています。いずれも実体験にもとづいているものです。内容の特定を防ぐため、一部改変している箇所もあります。信じるか信じないかはあなた次第です。

2 銀行編

銀行に勤めていた頃の話をします。銀行は、今はそうでもないですが、昔は学生から優良な就職先と思われていました。堅実、真面目、優秀な人でないと務まらない、企業の状態を把握するために一番重要な財務の観点が学べる、といったことが言われていました。また、色々な企業を見ることができて世界を広げることができる、経済の血液を循環させる非常に重要な役割を担っている、なんてことも言われたりしました。大学では経済学部で金融には馴染みがある程度あることもあり、当時の私は憧れて入ったわけです。

この頃の意識としては、収入を増やして衣食住を満たし贅沢品を買いたいといった地位財を求める発想はあまりなかったように思います。とはいえ温かい友人関係が欲しいなどの非地位財を求めていたかというとそうでもなく、ただ単に金融マンってカッコいいな、自分の勉強していることが仕事に繋がりそうだなというレベルでしか考えていなかったように思います。金融業界に入ることが所与で、自分はその業界にどこらへんが向いているかといった思考だったと思います。今の若者ならもっと即物的にキャリア構築に一直線とか興味ある業界じゃないとダメ、衰退する産業は選んじゃダメだ、といった感覚なのでしょう。

銀行のエピソードに戻りますと、とある時点では、私は歴史の長い中核店舗で働いていました。所属している人数や、預金／融資額も大きい店舗です。店舗に配属された時は住宅や事業ローンの借入に伴う融資審査を行う部署でしたが、ある年の年末に辞令が出て外回りの営業に異動になりました。当時は、営業に行くのが嫌で嫌で年末年始は憂鬱で仕方が無かった記憶があります。営業が嫌だったのは、目標に対する激烈なプレッシャーがあったからです。店舗の中で、外回りの営業の方々が営業目標に到達していないことに対して上から朝礼や会議で詰められているのを傍から見ていると、全くなりたくありませんでした。この営業が悲劇の始まりだったのです。

営業時のエピソードです。営業になると、専用の小型端末を渡されます。これは顧客リストを参照したり、顧客から預かったものに対する預かり証の出力、訪問記録をつけるなどの機能を持ったものです。さすがに使用方法がわからないと使えないもので、本来であれば営業に就く前に本部の端末研修を受けるべきものです。その時、一緒に営業に異動になった後輩と私のうち、一人しか研修の枠が空いておらず、なぜか後輩が先に受けることになりました。

「お前は受けなくても大丈夫だろ、後輩に先にいかせてやれ」

と上司から言われました。次の研修は2週間後。その間、私はマニュアルもなく使い方がわからないまま端末のエラーを頻出させました。その背景を上司にも知っておいてほしかったのですが、エラーして帰店するたびに上役から怒られました。

「こんな基本的なこともできないのか？」

と。いや、マニュアルも無くて使い方もわからないのにそりゃないでしょ、と当時は思っていました。毎日怒られていたと思います。私も営業なりたてで上の言うことを素直に聞いておこう、変に従わないと何を言われるかわからない、との思考になっていました。こいつは怒っても大丈夫、日頃のストレス発散になると思われたのか、日に日に詰められる度合いが増して、周りからも常に怒られていて仕事ができない人みたいになってしまっていました。

この頃怒られたことで覚えているのは、以下です。

・営業の目標を自分で考えて設定しろ、と言われて達成可能な現実的な目標を掲げたら、低過ぎると怒鳴られて訂正される
・営業目標を達成するまで帰ってくるな、と遅くまで営業活動していると、残業時間を削減しろ、と矛盾したことを言われる
・顧客と関係性を築こうと一人当たりの顧客の接客を長めにすると、訪問件数が全然足りないと言われる（言われた訪問件数を営業時間内に達成するには顧客と喋る時間はほぼ無い）
・営業目標を達成できない日々が続くと、支店長から机をぶったたかれて、お前今日も「ずんべらぼん（＝何も案件獲得無しの意味）か？？」とヤクザ並みの形相で睨まれる（これ

はマジで怖かったです）

令和でコンプライアンスやパワハラと言われている時代には激しく違和感がある内容かもしれませんが、当時は普通でした。上の方の話を聞くと、

「俺らの時はもっと酷かった。取ってくるまで帰ってくるな、と言われてクリスマスの日の22時に個人宅におしかけてまで営業をかけたもんだ。日付が変わる頃にもう無理だとなって帰店した」

と。いやいやクリスマスの日におしかけられたらそれは単に迷惑でしょ、と思いましたけど。

さすがに私も怒りを覚えたエピソードがあります。私は昔から皮膚が弱く、子供時代はアトピーを抱えていました。歳を経て大分治りましたが、夏の蒸し暑い時期と冬の乾燥する時期は手の皮膚が剥がれたり痒いなどの症状が出るため、病院に軽く通っていたりしました。確か営業として働いていた冬の季節だったと思います。激烈な営業のプレッシャーにより左手の皮膚がただれたようになりました。少しずつ手の状態が変化していったので、自分としてはあまり深刻に考えていなかったのですが、ある日同僚から「その左手は酷いから病院に行ったら？」と言われ、確かにひどいかもしれない、と思い、業務時間の午前中に病院へ。医者からは塗り薬を処方されたのと、包帯で左手をぐるぐる巻きにされました。この状態になるとさすがに自分でも酷い状態だな、と感じました。その状態で営業に回っており、お客さんに「大丈夫？」

と心配されるほどでした。その日は無難に外回りを終え、店舗に帰りました。ここからです。

上司から呼び出され、

「おい、今日は何してたんだ？　何も営業案件取ってきてないのか？」

と言われました。

この人は私の左手の包帯が見えてないのか？　頭おかしいのか？　とさすがに強烈な違和感を感じました。ただこの瞬間はいつもの怒られたことに対する反射で、「すみません・・」と返すだけでした。そこでクドクドと説教が20、30分は続いていたような気がします。その日も営業案件が取ってこれないやつだ、で終わりました。その後色々な人に聞くと、それはおかしい、ブラック企業では？　とコメント頂けたりして私の感覚が通常であると認識はできました。

これも、上司に楯突くとダメだ、と言い返さない状態で怒られ続けていました。結果、負のスパイラルになって自分は仕事ができない、という感情に支配されていました。

3　コンサル編

ここからはコンサルティング会社に勤めていた時の話です。当時、コンサルタントといえば花形の職業で、顧客にビシッと鋭い提言を行い、ホワイトボードにかっこよく図形を描いたりして顧客を導いていく姿は憧れがあったものです。就職ランキングでも上位に顔を出し始めている時期でした。私もご多分に漏れず、コンサル業界に憧れを抱き、コンサル特有のケース面接の難関を突破し無事に入社しました。今でこそホワイトな職場のコンサルティング会社ですが、当時はまだモーレツ仕事と激詰めの世界でした。

当時の意識としては、銀行という特殊な世界だからこそ負のループが発生してしまったんだ、勤める会社が変われば状況は改善する、むしろロジカルなコンサル業界であれば、頭がイカれた上司はおらず、理不尽な指導は受けないだろうと思っていました。ここから私の人生は好転する、本気でそう思っていました。そういった働き方の考えと同時に、キャリア的には、こう思っていました。金融のセンスは銀行で学んだ、ところが銀行は数字には強くて他人の批判は得意だが、自分で事業を行う能力はからきしダメだ。なので金融ではなくコンサルに行こう、事業の推進やマネジメントの手法についてはコンサルに行ったほうが学べることが多いに違いない、と思っていました。キャリアやスキルについてはおおむね想定していたとおりでしたが、働き方に関しては、私の認識と大分違っていました。

最も強烈な体験としては、デジタルトランスフォーメーションをお客さんの会社で推進するためのプロジェクトに参画していた時のことです。組織論のテーマに強いと噂されていたある上司で、コーチングの資格を持っている人がいました。コーチングの実績を多く残すために、社外だけでなく社内のメンバーもコーチングの対象にしていました。その中で別の上司から「コーチング、受けてみたら?」と言われたので私も受けてみることに。これが悲劇の始まりでした。

ティーチングと異なり、コーチングの場合は答えを指し示すより自ら気づいてもらう、という理念に基づいています。私もそのような形でその上司のもとでコーチングを受けました。最初は、どう思う? とかどうしたらいいと思う? と問いを投げかけられると気づきが生まれていいこととしてもらえたな、と思っていました。しかし、毎回毎回どう思う?↓私が回答↓それはなぜそう思ったの?↓私が回答↓それはなぜ? となぜなぜ攻撃を仕掛けられているみたいな構図になってきて、回答に疲弊するようになってきました。プロジェクトの上司でもあるため、具体的な業務の話でもコーチングが介在するようになってきました。私が××業務の実行を失念した時、いくつかなぜなぜが繰り返された後に、解決策としてパソコンを開いた時にその××業務が書かれた付箋どをキーボードの下部に貼り付けておくように言われ、実行していました。振り返りの日誌も記載が義務付けられており、付箋を貼ることで××業務を失念せずに済んだ、と書かされたりしていました。【図22】

ここでも、この瞬間だけにおいては、自分は仕事ができないやつなのだ、指導を受けないとやっていけないやつなのだ、と洗脳されていたような感じになってしまっていました。このなぜなぜとマイクロマネジメントに精神がやられ、その上司と一緒に仕事するのは無理である、と他の上の方に陳情を述べてようやく解放。付箋まで貼って行動管理的なことまでやらせるのはやや異常、と他の人にも言われました。後々にその上司の評判を他の方にも聞くと、コーチングをその方から受けたものの外してほしいと依頼した、社外のお客さんからも答えをいつまでも言わないからコーチング契約を解除してほしいと言われているらしい、などの評判を聞いたりしました。

もうひとつエピソードをご紹介します。企業同士の合併における統合支援のプロジェクトに参画していた時の話です。この時は、上司が2人いる状況でした。本

コーチング時のキーボード付箋はりつけ【図22】

パソコンを開いた時にすぐタスクが見えるようになります・・・

来、命令指示系統からすると上司X→上司Y→私という風に直列に指示が来るものです。上司Yが、このプロジェクトに関与する比率が50％程度だったため、週の半分は上司Y、残り半分は上司Xが担当する形をとっていました。これが悲劇を生んだのです。

Yはキレ者でした。パワーポイントの資料作りでは私の人生で出会ったコンサルタントでトップ3には入る方です。伝えるメッセージ、論点、論理構成、図形や表の表現、業務理解、どれも一級品でした。上がキレ者だと下に仕えるほうは、すぐに想像できると思いますが、めちゃくちゃ精神的にしんどいです。大学生や新卒の頃だと優秀な人の下で働きたい、という理想はありますが、現実的にはそういう形で働いた時に幸せかどうかは怪しいものです。さて、Yに資料の論理構成やメッセージ、業務理解に乏しい部分を毎日のように指摘されました。コンサルタントには多いのですが、ねちねち論理的に詰めてくるタイプが多く、Yもそうでした。「これなので出来たと思ってるの？」と資料を突っ返され、時にはノーヒントで直せ、と言われる時も。これだけでも精神的につらいですが、まだこれだけなら耐えられたかもしれません。

週の半分はYと共に仕事をし、後半はXの登場です。Xは激烈に詰めるタイプで、なぜなぜ攻撃が全国大会レベルでした。Yのねちねちさとは違い、迫力というか威圧で指導してくるタイプです。「理解できたか？　何か質問は？」と聞かれて質問すると、「ちゃんと聞いてた？」と返されてもはや質問すらできない状態に陥っていました。X単体でもそれなりの攻撃力ですが、私が最も嫌だったのはXとYの言っていることが異なる時です。週の半分はYから指摘を受けて資料の修正などを施すのですが、残りの週になるとXが登場します。そこで、Xが「この資料はここが違う、直せ」と言います。それを受けて直して翌週に臨むと、Yから「なんで言ったことと違う風に直すの？　もう1回修正して」と言われます。「Xから言われたので・・・」と伝えてもお構いなし。このXとYの相異なる指摘が繰り返されるのが続き、私は精神崩壊の一歩手前ぐらいまで行きました。途中でその上司の下から外してもらい、同じプロジェクトの違う上司に配属され、助かった、と思いましたが、この上司も曲者でした。資料の切れ味は私より劣っているぐらいなのですが、とにかく働く。必要ないのに深夜超えとか普通にありました。それはコンサルタントがやる仕事なの？　というレベルの細かいことでも客から請け負い、とにかくこなすことで客の信頼を得るタイプの根性論の上司でした。体育会系だからなのか、「お前はコンサルタントに向いてない」と数回言われ、この人は人の気持ちを考えたことがあるのか？と思うほどでした。上司が変わったとしても状況はあまり好転していないな、と感じました。

結局、そのプロジェクトを抜けることになりました。抜けた後に思ったのは、この負のループの原因は、自分の実力が追い付いていなかった面もあるが、上司含めた周辺の環境が合わなかったせいだ、と半々ぐらいで思っていました。今でこそ雇用労働（サラリーマン）自体合っていなかったと感じることができますが、当時は雇用労働（サラリーマン）が前提とした思考になっていたのです。
銀行編とコンサル編のエピソードはいかがでしたでしょうか。銀行とコンサルの職場はとんでもなく酷いところなんだな、と感じて頂けたでしょうか。私のバイアスがかかってしまっていますね。そして、それは副次的にお伝えしたいことでした。本書のメッセージに絡めていうのならば、雇用労働（サラリーマン）で1社に100%集中して勤めることは、私の銀行やコンサルのような職場の悲劇を生む可能性があることを伝えたかったのです。（銀行とコンサルの時はいずれも100%正社員で勤めていました）
悲劇を生むことをもう少し具体的にいうと、仕事場での世界がひとつに閉じており、他の職場と比較することができないことがまず挙げられます。他の職場と比較することができれば、普通ではない、という感覚が醸成されることで言い返したり助けを求めることができるということです。
もうひとつは、ひとつの会社だけでは活躍が望めない可能性が高い、ということです。これは本人の実力よりも周りの環境のほうが影響力が強いという私の考えによるものですが、自分に合う会社が世の中にそう簡単に見つかるはずはないのです。1社だけだと環境のせいで能力が発揮できなくても、自分の実力が無いせいだ、と判断してしまう可能性が高いです。複数の会社で勤めていれば、環境が合って活躍できる可能性を高めることができます。それなら働く会社をもっとたくさん持てばよいのでは？　となりそうですが、時間やスキルの制約上、2，3社程度が現実的かなと思います。

最後に、人間関係の余裕さがなくなるのが挙げられます。1社で同じ人／組織で同じような上下関係の中でずっと働いていると、1週間全部が緊張感あるものとなります。複数の会社に勤めていれば、片方はフラットの関係で和気あいあいと仕事をし、片方は緊張感のある中で生活費を稼ぐ、といったすみわけができます。

幕間にしては非常に濃い話をしてしまいました。この章も具体的な話として参考にして頂けたら幸いです。

第6章

環境変化を踏まえた行動・実践

これまでの章では、労働の歴史と幸福学、それに応じた幸せな働き方を論じてきました。この章では、その幸せな働き方、個人事業主や副業などを選択することができるようになった環境変化とそれらの実践を論じていきます。

1 現在までの環境変化

1 デジタルサービスは凄い進化している

まずテクノロジーの変化を整理します。新型コロナウイルスの感染拡大を契機にして、出社しなくても、対面で合わなくてもよいようにできるデジタル化が促進されました。web会議やビジネスチャットなどによる非対面の仕事が可能になったり、請求書や契約書もデジタル上で完結できるようになりました。エクセルやパワポといったofficeソフトも今やクラウド上で同時編集できるようになりました。こうしたデジタルサービスが働き方に関しても勃興してきたことにより個人事業主／起業や副業の選択のハードルが大幅に下がりました。

個人事業主／起業、副業そのものを始めるサービスや、それらを始めるための知恵や工夫を拝借したり仲間を作ったりできるサービスをご紹介します。

■副業

副業を行えるデジタルサービスは昔からアンケートモニターやアフィリエイト等あるのですが、特に発展してきているのは、フリマアプリ。漫画や洋服、家電、書籍などの不使用・未使用の商品などを出品して販売できるアプリです。気軽に出品できて、中古品取扱い屋に持っていくより高く売れることから副業の一種として人気を博しています。メルカリやラクマ、生活家電のアリススタイルなどが有名です。

もうひとつは、クラウドソーシング系のサービスです。web上で企業が不特定多数に業務を発注するタイプです。webライティング、動画の編集・制作、翻訳、システム開発、イラスト、データ入力などの成果物を納める形態の案件を数百円から数万円で請け負えるものです。クラウドワークスやLancers（ランサーズ）が有名です。マッチングの一種ですが、デザイン、イラスト、プログラミングなどのスキルを売り買いするココナラや、30分単位ごとに個人の時間をコンサルやカウンセリングなどとして使い、それをチケットとして売り買いできるアプリのタイムチケットが副業のデジタルサービスとしてあります。

SNS全盛の時代で盛んになったのが、スマホのカメラ機能で撮影した素人向けの画像を売買できるSNSアプリで、Snap Mart（スナップマート）などがあります。更にコロナ禍で宅配需要が増して大幅に増加したのが、フードデリバリー。Uber Eats（ウーバーイーツ）や出前館、menu（メニュー）などが挙げられます。スマホで気軽に投資ができるサービス等他にもたくさんあるのですが、副業選択のハードルが下がってきていることをご理解頂くのが主眼ですのでこの辺でストップします。【図23】

フリマアプリは私も活用していますが、慣れると本当に簡単にできますので、副業でなくともお勧めです。

■ビジネスマッチング

昔は営業や採用、情報交換やビジネスパートナー

主な副業として使えるサービス【図23】

フリマアプリ	クラウドソーシング	SNSアプリ	フードデリバリー
mercari ユーザー数日本一を誇る総合フリマアプリ	CROWDWORKS 国内最大手サービス 仕事カテゴリーは200種類以上 仕事形式はタスク/コンペ/PJなど様々	Snapmart スマートフォンのアプリから誰でも手軽に写真を売買できる	Uber Eats アメリカ発祥のオンラインフード注文・配達プラットフォーム 自社で宅配してない飲食店でも可能
Rakuma コスメや美容アイテムが多い楽天運営のフリマアプリ	Lancers クラウドワークスと似ている 10年以上の業務経験持つ利用者多い サポート体制が充実		Demaecan 国内発のサービス シンプルで使い勝手がよい 配達エリアがやや限定的
alice STYLE 家電製品や旅行用品等の貸し借りプラットフォームサービス	TimeTicket 個人の知識・スキル・経験を30分単位のチケットで売買		menu 深夜デリバリーが可能 利用者の口コミが豊富

出所：各企業 HP サイト

探しとなると対面での交流会か、経営者の会などにある程度の費用を払って出向く必要がありました。それ以外だと無料のフリーランスコミュニティや、知り合いの人づてで紹介してもらうといった選択肢しかありませんでした。それが、繋がりの最初の接点はデジタルで、その後の交流は対面／デジタルと選択肢が広がりました。例えば、社会人向けのOB訪問を目的とするキャリーナ、AIを活用したビジネスマン同士の自動マッチングサービスyenta（イエンタ）があります。また、学生と会社員のマッチングを支援しOB／OG訪問に繋げるビズリーチ・キャンパスや、学生・社会人の求職者と経営者が直接繋がるマッチングアプリ「社長メシ」があったりします。これにより今まで出会うことができなかった属性の人や地理的制約を排除して会いたい人に気軽に合うことができるようになりました。【図24】

いくつかビジネスマッチングを私も使用したことがあ

ビジネスマッチングサービス【図24】

careena
社会人向けのOB訪問サービス
オンラインで話を聞くことが可能
経験談のみの報酬支払
BIZREACH CAMPUS
ビズリーチが運営する大学のOB/OGと大学生を
無料でマッチングするサービス
yenta
交流範囲外のビジネスマンとの出会い
1日10人スワイプしてマッチしたらメッセージ交換
企業の社長がアプリで設定した食事会に就活生が
応募をすることで面談できる

出所：各企業HPサイト

りますが、自分と関わりのある範囲内での知人とは全く異なる人と交流ができるので、一定程度効果を感じることができました。フラットに話ができるので、色々と聞きたいこと（副業やビジネスの話）も気軽に聞くことができます。営業目的の方も多いので、会う場合は少し注意されてもよいかもしれません。

■ウェビナー／オンラインイベント

ウェビナー（webで行うセミナー）やオンラインイベント、こちらもコロナ禍で対面での説明会が制限されたことにより爆発的に増えました。従来の対面の説明会では会場の設営の手間や会場費用、移動時間などが制約となり頻繁に開催／参加することが難しい状況でした。それがweb上で解消されます。それらが行えるプラットフォームのPeatix（ピーティックス）が有名です。こちらは気軽にweb上で開催／参加できるため、ビジネス上の繋がりや営業活動を不特定多数に行うのが容易になりました。ウェビナー／オンラインイベントは、従来のSNSであるfacebookや、ビジネス特化型SNSのLinkedIn（リンクトイン）でも盛んに行われています。最近では無料のウェビナーが乱立しているせいか、ウェビナー疲れ、といった言葉も出てきているようです。

従来の対面の勉強会／セミナーと異なり、録画されたものもあるので、いつでも見れるようになりました。また特徴的なこととして、対面だと話者に質問しづらいことも、ウェビナーだとチャットで気軽に質問ができるようになりました。話者が喋っている間に感想をチャットで気軽に述べることも可能となりました。

私もよくウェビナーに参加するのですが、無料で参加できるものも多いので、非常に勉強になります。最近では会議ツールのzoomの機能でブレイクアウトルームといって3〜7名程度の参加者に別れて議論や意見交換できる場もあるので、気軽に生の声を聴けるようになりました。【図25】

■先人の知恵借り／生の情報収集

何かビジネスで不得意な分野で助けが必要であったり、経験がある人に気軽に話を聞いてみたいと思った時に、知り合いにいなければ、お金を払って専門家を雇うか、断念せざるを得ない状況が多かったと思います。

ウェビナー／オンラインイベント【図25】

出所：各企業HPサイト

士業であれば無料相談所が国や市区の役所で存在するため探せば比較的易しいかもしれませんが、ヘルスケアの新規事業を立ち上げた人に話を聞きたい、とか飲料業界のマーケティング管理に仕方を知りたい、などは知見者を探すのは大変難しいと思います。そこでコロナ禍より前からにはなりますが、専門家が自分の知見を提供するサービスが流行し、以前よりたやすく知見を溜められる状況になりました。時間単位でのインタビューがメインですが、ビザスクやCIRCULATION（サーキュレーション）、MIMIR（ミーミル）、ＧＬＧなどが主なサービス提供企業です。プロ人材による課題解決も含まれます。

　前に述べたビジネスマッチングのところでも、情報収集は可能ですが、こちらのほうが費用が高く、より専門的／具体的な情報が入りやすい

先人の知恵借り / 生の情報収集【図 26】

ビザスク	実名登録された業界有識者40万人超の生の声を直接聞くことができるスポットコンサルサービス（市場調査や仮説検証）
CIRCULATION	プロ人材と呼ばれる高い専門性を有した人材の経験や知見で企業の経営課題を解決するサービスを提供（プロシェアリング）
GLG	世界最大のインサイトネットワーク 有識者や専門家にインタビューしたり、定量調査/リサーチを依頼できる
MIMIR	企業と国内外の有識者を繋ぐ経験知プラットフォームを提供 人の知見を企業の意思決定に組み込む

出所：各企業 HP サイト

ものです。逆に費用が高く元を取らねば、となるので質問する内容を事前に考えたりと質問側も緊張感があります。【図26】

2 ソフト面（価値観や制度）

先ほどは技術的な側面でしたが、2節では働き方に対する考え方・価値観や制度の変化を整理します。まずなんといっても一番大きな国レベルの動きとしては、厚生労働省の「副業・兼業の促進に関するガイドライン　令和2年9月」です。この資料から引用すると、

人生100年時代を迎え、若いうちから、自らの希望する働き方を選べる環境を作っていくことが必要である。また、副業・兼業は、社会全体としてみれば、オープンイノベーションや起業の手段としても有効であり、都市部の人材を地方でも活かすという観点から地方創生にも資する面もあると考えられる。

と書かれており、民間企業ではなくお国の役所の厚生労働省が積極的に肯定している内容を発信しています。

また、裁判例を踏まえると原則副業・兼業を認める方向とすることが適当である、と方針レベルではなく現実的な部分にまで言及されています。これは自社業務に支障をきたさなければ

労働者の希望に応じて副業・兼業を認めなさい、ということです。これで副業を禁止している企業も許可せざるを得ない動きになってくると思われます。

もうひとつこのガイドラインの中で注目すべき点があります。それは、労働基準法における法定労働時間（1日8時間以内、かつ、1週40時間以内／休日は週に1日以上）の規制は、働く事業所が異なっていても通算して適用する、という箇所です。これは、副業は空いている時間に手短にやるもの、との認識から、（明言はされていませんが）第2のメイン仕事と捉えられていると考えられます。私の提言する正社員×正社員の流れに到達する流れとなっていることが感じ取れます。

民間企業でも続々と副業が解禁しております。ヤフーでは、「ギグパートナー」というポジションで副業採用を積極的に行っております。パソナでは、社内外での副業を認める「ハイブリッドキャリア採用」をスタートしています。新卒採用時から副業を認める珍しい例で、社内×社内、社内×社外の方法を想定しています。「ロフトワーク」では、複業を認めています。社内×社勤務や週3，4勤務の柔軟な働き方を採用しています。この働き方が私の提案している働き方に最も近いかもしれません。

雇用形態においても動きがあります。今までは、新卒一括採用に象徴されるように、まず先に人を採用してから仕事を割り振るという人に焦点を当てたメンバーシップ型雇用が一般的でした。これは企業側としては固定的な時間を確保できる正社員での運用を想定しています。しかし雇用の流動化が進む中で、有期雇用や業務委託、副業の活用が進んだため、職務を明確に定義したジョブ型雇用が採用されるケースが増えてきました。ジョブ型雇用のほうが多様な働き方や雇用の柔軟性が高いことから業務委託などでは受け入れやすいと思います。但し、ジョブ型は解雇とセットで運用しなければならないので、解雇の考え方が厳しい現在の日本では、定着は難しい（正社員が企業のメインを担う位置づけが続く）かなと思います。

最近の技術で、ブロックチェーンを活用したＤＡＯ（分散型自律組織）の構築を参考までに挙げます。現在の株式会社の組織では、株主がいて、株主から選任された少数の経営者が経営を行い、その指示に従い従業員が働く上意下達の姿でした。そうではなく、ＤＡＯでは組織を統率する代表者が存在せず、組織から発行されるトークン（投票権）を全員が保持し、意思決定を全員で行うというものです。株式会社の株を全社員で持ち合う、という発想ですね。このような雇用形態の組織も今後出てくるかもしれません。

最後に、新しい資本主義の考え方の台頭を挙げます。「人新世の資本論（斎藤幸平）」から引用すると、科学により自然を過剰に搾取／浪費するとともに、富の独占による支配・従属関係が行き過ぎた資本主義から、経済成長をしない循環型の定常型経済、及び共同で富を管理する脱成長コミュニズム（経済成長のスローダウン）という考え方が今後必要になると述べています。また、「ビジネスの未来（山口周）」から引用すると、現在の私たちは物質的不足の解消を実現し生活満足度は軒並み増えている、そして成長／拡大は緩やかとなる高原状態に突入している。そこでは、経済をこれ以上成長させることにもはや大きな意味はなく、文化的豊かさを向上させる方向に向かうべきだ

と述べています。これらの論調から、個人の働き方として考えると、収入の多さや肩書／権威といった地位財を求めるよりも、温かな人間関係を築いて幸福になれる姿を目指すべきなのではないか、と改めて見つめ直す流れになっていると考えられます。

2 今後望まれる環境変化

私が提言する幸福な働き方を実現させるには前述の環境変化に加え、更なる変化が必要だと思います。世の中の流れとしては同じ動きになっていると思いますのでそこまで心配はしていませんが、具体的な点を述べていきます。

まず、企業の副業・複業の解禁の促進。地方自治体の外部人材活用なども増えてきているのと、多くの企業の解禁が増えてきたとはいえ、まだまだ大企業の一部に限定されていると思い

ます。幸福に繋がる働き方だけでなく、年収やスキルアップ、定着率向上や流出防止、採用力の強化などにも繋がるため、労働者の過半を占める中堅中小企業の副業・複業の促進が期待されます。

経済が成長すると、規模を大きくすることによるコストの低減が進みます。大量購入、年数による熟練作業、効率を狙う分業。そうすると企業側としては労働者に対して1社で専門の部署に長く働いてほしいわけです。

そうではなく、副業や複業を進めるためには細切れの仕事でも生計が成り立つ、円滑に仕事が回る仕掛けが必要だと考えます。具体的には、属人化を防ぐ仕組み。現状だと人に仕事が張り付いているので、その人しか知らない業務が多く、業務を追加したり外に切り出したりすることが困難となっています。職務記述書であったり、業務手順書の充実によって途中から入ってきた方でも容易に仕事を進められるようにしておくことが重要だと考えます。それに付随して、その業務のブロック化による価格付けも必要と考えます。A業務の遂行はXX円、B業務の遂行はXX円といった形。こうすれば同一労働同一賃金の考え方も満たすことができ、かつより副業・複業での遂行が容易になります。

もうひとつは、①正社員の稼働に応じた報酬、②副業の業務委託の報酬、の整備。①に関しては、私が提言した正社員×正社員の働き方の際に生じる論点です。Xさんが A社に週3、

B社に週2で働く場合です。A、B社共に本来であれば正社員なら週5日マックス（後ほど触れますが厳密にいうと週5日ではなく1社100%）で働いてほしいはずです。Xさんが細切れで参画するとなると、業務の受け渡しや労務管理、場合によっては勤務の曜日による業務調整などが発生します。ですので、週5日なら月30万円の給与とすると、週4日なら23万円（週1日は6万円なので、4倍して細切れによるマイナス1万円）といった具合に稼働比率による調整が入るのが望ましいかもしれません。労働者からすると勤務時間を減らす以上に減額されるので嫌ですが、A、B社側がその働き方を受け入れやすい、という意味です。【図27】

②副業の業務委託の報酬です。これは正社員と同じ業務であっても、雇用の安定性の面から

稼働時間別の報酬【図27】

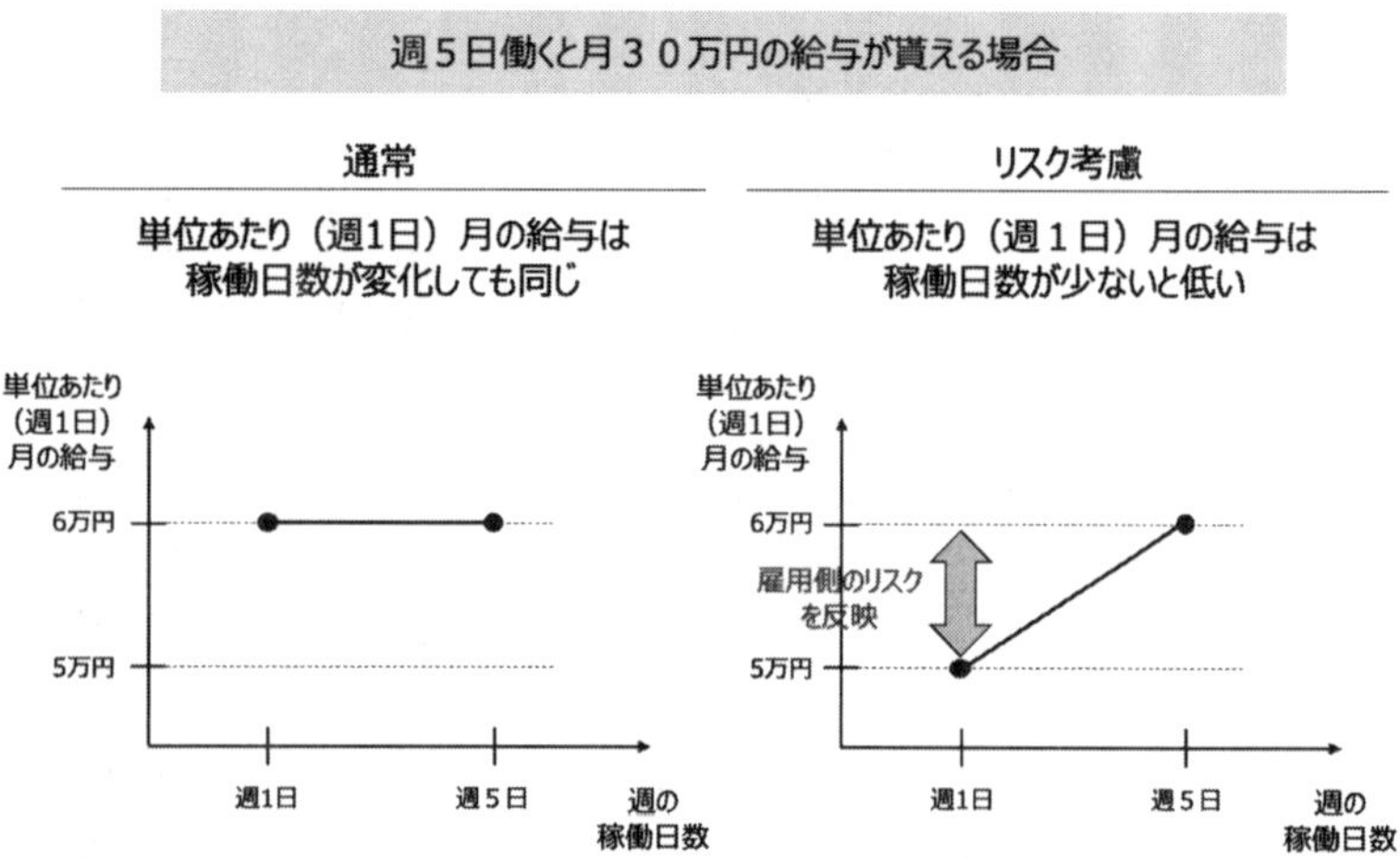

業務委託のほうが報酬は高く設定すべき、というものです。雇用主からすると、正社員には安定して毎月給与を長期的に支払う分、半ば永久的に支払うリスクを負っています。一方、業務委託は、契約期間が過ぎれば費用を支払う必要はありません。業務受託側からすると、雇用を失うリスクを負っているわけです。なので、Z業務を社内の正社員に頼む場合月30万円としたら、社外の業務委託に頼む場合は、税金と社会保険、福利厚生などを加味した上で、私が言及する業務委託の仕事が消失するリスクを踏まえて45万円にする、等といった運用が必要です。

次は社会保険の仕組みです。前述の副業・兼業の促進に関するガイドライン（厚生労働省令和2年9月）によると、事業主は労働者が副業・兼業をしているにもかかわらず、労働者を1人でも雇用していれば、労災保険の加入手続きが必要とあります。雇用保険は、同一の事業主の下で①1週間の所定労働時間が20時間未満、②継続して31日以上雇用されることが見込まれない者については被保険者とならない、となっています。しかし、複数事業所で要件をそれぞれ満たす場合は主たる賃金を受ける側のみ被保険者となるが、複数合算して要件を満たす場合は雇用保険を適用する制度ができています。社会保険は、複数の雇用関係を結ぶものがいずれの事業所でも要件を満たさない場合、適用されません。それぞれ両方で満たす場合、いずれかの事業所で標準報酬月額を算定し、保険料を事業所ごとに按分します。

このことから、動きとしては複業をしても不利にならない考え方にはなってきていますが、事業主は、複業を行っている労働者に対して手間（労働時間の合算や保険料の按分）や費用が増えることになります。ここを和らげる措置なり補助金などがあれば促進されると考えます。

最後は、休日の考え方です。現在の働き方が完成した1960、70年代以降は、土日を休む完全週休2日制が一般的です。不定休で休暇を取られている方もいるかもしれませんが、基本5日働いて2日休むのが軸だと思います。この考え方を取っ払ったほうがよいのでは、というのが私の考え方です。具体的には、働くのと休むのをある程度混ぜこぜにしてしまう、です。いきなり月曜から日曜を仕事と遊びで柔軟に配分しなさい、では混乱すると思うので、例えば日曜は休んで、月曜から土曜は休むのと働くのを個人が柔軟に決めるイメージです。これはフレックスタイムの導入で柔軟にはなってきていますが、更に柔軟にするイメージです。私が勝手に持ち上げた理論ではなく、前の章で、自由時間が多いほど人は幸福ではない、というデータを取り上げました。余暇が無いとダメだ、と考えるひとは、余暇が少ないことが幸福度を下げているのではなく、仕事が楽しくないからといった理由のほうが真因だと思われます。ですので、働く時間と遊びの時間を混ぜこぜにしながら働く形に転換するのが幸福に繋がると思います。個人事業主／起業の方であれば納得頂きやすい考え方だと思います。

3　心構えと行動

①個人事業主／起業は特別ではない、リスクテイカーでもない、環境が影響している

現在の日本においては、どうしても雇用労働者（サラリーマン）として働くことが普通だと捉えられています。これは個々人というよりかは世の中の慣習や外から入ってくる情報によって空気づけられているものです。とはいえ、いきなり学生に起業しろ、といっても無理だと感じる人が多いでしょう。また、新卒で2，3年目の人に独立しろ、といっても難しいと考える人のほうが大半かもしれません。ただ、まずは選択肢として個人事業主／起業も含めた上で働き方を選択してもらいたいと思います。

考え方としてそもそも、雇用労働と個人事業主／起業は、「労働力を売る」点では同じです。雇用労働の場合、学校を卒業してまずは就職活動をすると思います。就職活動は、どこかの企業に対して、自分という商品の労働力を売る行為になります。私という商品は、XXが強みで、雇ってくれたらこんないいことがあります、その上で、労働力を提供します、ということです。

労働力の提供は、いわば自分の時間を企業に捧げます、つまり採用してください、ということ。

一方で、個人事業主／起業は、自分や自分の会社／商品を不特定の消費者や企業に売り込む行為になります。私という商品は、XXが強みで、購入してくれたらこんないいことがあります、買ってくださいということ。自分の労働時間、もしくは自分の労働時間で作られた商品を提供するということです。根本として、自らの労働力を売っている点では同じ。企業に雇用採用で売るか、消費者や企業に購入採用で売るか、の違いだけです。現代社会では雇用労働が一般的となっているだけで、本質的に両者は同じことです。個人事業主／起業が特別なことをしているわけではありません。

もうひとつの考え方としては、就業形態は「オプション取引」に例えられる、ことを紹介します。【図28】オプション取引とは、ある金融商品をあらかじめ定められた期日に事前に定めた価格で売買できる権利（行使しなくてもよい）のことを指します。オプション取引の一種であるコールを持って説明します。

現在日経平均が28000円だとします。今後、日経平均株価が上昇すると考えるA氏と、日経平均株価が一定の株価以上には上昇しないと予想するB氏がいたとします。Aは日経平均株価を28000円で買う権利を1000円で購入し、Bはその権利を売って1000円を手に入れます。日経平均が30000円に上昇すれば、28000円で購入できる権利を行使して購入し、売却すれば2000円の儲けが出て、購入したオプション権利1000円を減算した結果、1000円の利益が出ます。これをコールオプションの買い取引といい、個人事業主／起業と似ています。

「コールオプションの買い」取引（個人事業主／起業）を選択する場合の状況／思想としては、高い確率で起業がうまくいかず、倒産／廃業するリスクがあると考えます。一方で、低い確率で大きな見返り、天井が無い報酬が得られる、と考えます。先ほどの日経平均の話で株価が上昇すると考えるタイプです。株価が下落する可能性が高いと世間では言われているが、自分の判断では株価が上がると見込んでいる。権利の費用もそこまで高くないし、買ってみよう、という思考です。

個人事業主／企業に例えると、起業は倒産する可能性が高いと世間では言われているが、自分の判断ではうまく経営すれば成長できると見込んでいる。起業の費用もそこまで高くない、倒産してもキャリア上は稀有な経験をした人としてむしろビジネスマンとしての評価は高くなるはずだからチャレンジしてみよう、という思考です。

逆の取引である「プットオプションの売り」取引（雇用労働）を選択する場合の状況／思想としては、企業に勤めれば高い確率で安定的な給与を得られる恩恵があると考えます。一方で、低い確率で所属している企業が倒産して失業する、もしくは業績悪化でリストラされる、と考えます。先ほどの日経平均の話で株価が下落すると考えるタイプです。株価が上昇する可能性が高いと世間では言われているが、自分の判断では株価は下がると見込んでいる。権利の費用がもらえる分売ってみよう、という思考です。

　雇用労働に例えると、企業に属すると安定的な給料がもらえる可能性が高いと世間では言われているが、自分の判断では企業が業績悪化すると見込んでいる。業績悪化しても安定して給料がもらえる雇用労働は魅力的だ、サラリーマンで居続けよう、という思考です。逆に言うと企業の業績が上がっても給料は変わらない、というリスクを抱えるといった言い方ができます。業績悪化しても安定的に給料はもらえるかもしれませんが、悪化が進むとリストラや転職を強いられてキャリア形成が負のスパイラルに入る、

コールオプション（起業）×プットオプション（雇用労働）【図 28】

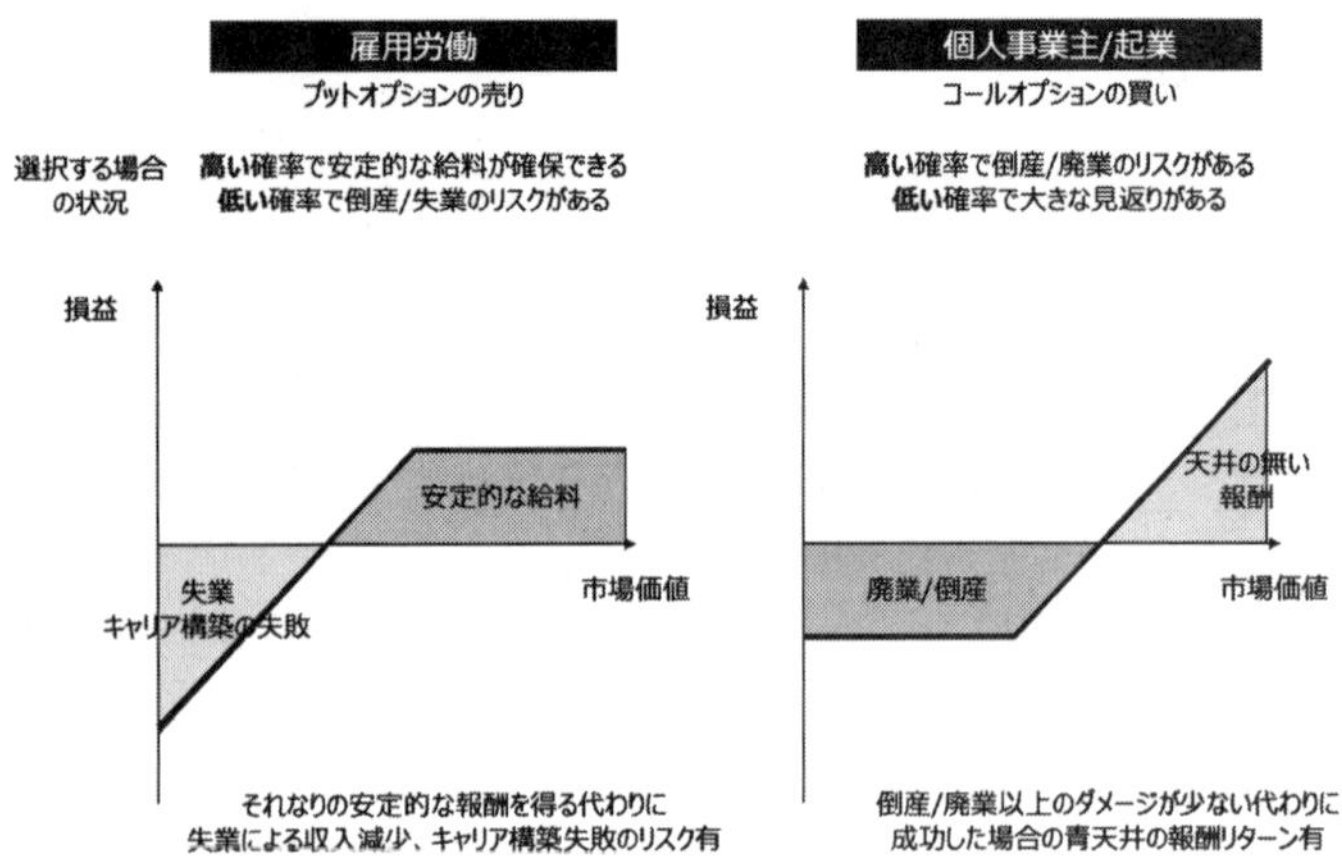
雇用労働
プットオプションの売り
選択する場合の状況
高い確率で安定的な給料が確保できる
低い確率で倒産/失業のリスクがある
損益
安定的な給料
失業
キャリア構築の失敗
市場価値
それなりの安定的な報酬を得る代わりに
失業による収入減少、キャリア構築失敗のリスク有
個人事業主/起業
コールオプションの買い
高い確率で倒産/廃業のリスクがある
低い確率で大きな見返りがある
損益
天井の無い
報酬
廃業/倒産
市場価値
倒産/廃業以上のダメージが少ない代わりに
成功した場合の青天井の報酬リターン有

出所：各企業 HP サイト

ことになります。そういう意味で個人事業主／起業と逆の青天井のリスクがある、と言えます。

個人事業主／起業と雇用労働の場合を比較した場合、長期的にリスクを吸収し、キャリアに耐性があるのは前者だと感じることができると思います。市場が安定／成長局面であれば雇用労働も選択肢としては有り得ますが、成長が鈍化する定常状態が続き、かつ何が正解か不明瞭な時代の令和では、コールオプションの買い（個人事業主／起業）の発想のほうが長期的なリスク低減には向いていると考えます。

アイザック・ニュートンの言葉で、「私が遥か彼方を見渡せたのだとしたら、それはひとえに巨人の肩の上に乗っていたからです」があります。これは現代でいうと、先人の積み重ねた発見や成果に基づいて新しい発見を行うことや、ゼロから考えずにベースとなる知識を身につける、という意味です。これは何を言いたいのかというと、今回のような働き方を考える際に、自分の経験や友人・両親といった周りの人の考え方だけを頼りにせずに、今までの歴史の先人の経験や考え方を学ぶできである、ということです。学んだ上で、どう判断するかは自らが決めればよいと思います。巨人の肩に乗ることで、世の中には色々な考え方があることがわかり、物事を捉える力が増して多角的に判断できます。雇用労働が普通である、良いことである、という先入観も巨人の肩に乗れば考え方のひとつであることが認識できるはずです。

具体的には、働き方に関する書籍を読むのもよいですが、前に紹介したウェビナーやコミュニティに入ってじかに先人の体験談を聞いたりすることがよいです。特に失敗談を聞けるのが非常に参考になると思います。また、ビザスクなどの有料サービスを用いて専門的なスキルを持った方の話を聞くのも有効です。更に、クリードなどで自分と異なる属性の人と繋がることで複数の観点を養ったり、巨人の肩に乗ることができます。令和では昔より格段に巨人の肩に乗ることが容易になりました。色々なデジタルサービスを使わないにこしたことはありません。

最後は環境の話です。勉強やスポーツ、ビジネスにしろ個人の努力や頑張りでほとんど成果が決まると考える方が多いと思います。私はそうは思わず、周りの環境がかなりの比重を占めると考えています。（親からの遺伝で決まる部分もあろうかと思いますが、本書から外れるため除外）

外部の環境は内側の環境を形作る。自らの世界観、信念、考え方、価値観、はゼロから自分で作ったものではなく、外からやってきたもので、見たり聞いたり体験したりするものの中から、知らずに自分の中に何年もかけて蓄積されていくものです。それに伴って努力の成果や性格が形成されます。どこにいるかで人の能力は決まります。

有名な言葉で、人は一緒に過ごす時間が最も長い5人を平均した人物である、と言われています。収入や好み、考え方などは5人の平均に収れんしていきます。だからこそ、自分の努力量を増やす試みをするのではなく、周辺環境を作り直せば人生の方向を変えることができる、という考え方にならないといけません。

今回で言うと、働き方を選択するいくつかの質問によるタイプわけがあったと思います。それに応じて、現在の働き方と異なる働き方が結果として出た方は、自分で変わる努力も必要ですが、環境の設計が重要です。

ベンジャミン・ハーディの書籍「FULLPOWER」から環境設計に関する行動を拝借すると、環境の設計に関しては、以下のように述べています。

・事前に投資する
・公言する
・期限を設定する
・フィードバックをもらえる仕組みや自分が責任を負える仕組みをいくつか作る
・自分の決意に反するものは全て環境から取り除くか変更する

「事前に投資する」は時間やお金を払うと元を取ろうと考えるため行動を起こしやすくなるという意味です。スポーツジムにお金を払ったら、元を取ろうとして休まずに通うはずです。「公言する」は自分の目標について周りの人に伝えることで退路を断つ、ということです。達成できないと、周りの人に以前掲げていた目標はどうなった？　と聞かれることになり、面目を保てません。その圧力を使います。「期限を設定する」は拍子抜けするほど簡単なことですが、意外にできている方がいません。目標に対して期日を決める、1年後に達成する、を明確化し、紙などに言語化して書いておくことで実現性を高められます。「フィードバック」については、自分ひとりだとひとりよがりや間違った方向に行く危険性があるため、同じ経験をして先に到達している人にメンターになってもらうなどして意見をもらえるようにするとよいです。

最後の「環境から取り除く」、は例えばスマホゲームをよく細切れ時間でやってしまう、ならばスマホを操作できないように遠ざけたり電源を切るなどして取り除くことを指します。人間どうしても集中力を削ぐものに時間をとられがちですのでそれを避ける、ということです。自分の意志力に頼るのではなく、目標の外周を防御システムで固めてしまう。つまり目標を確実に達成できる環境を自分で作り上げることが重要です。これは、目標を達成するための環境を整える準備です。

私達は、環境に適応する生き物です。環境を意図的にコントロールしてなりたい自分を形作ってくれる環境を構築する以外に道はありません。変わりたいなら、自分の環境を変えましょう。意志力で何とかする考え方はやめましょう。

２雇用労働から個人事業主／起業的な考え・働き方に移るのは難しい

向き／不向きの質問に回答した結果、自らの今の働き方と異なる結果が出てしまった、もしくは自分の今後意図している働き方と異なるとなった場合の状況別の行動を示していきます。

①大学生の場合

大学生の場合は、働いた経験がないため比較的フラットに働き方に関して考えることができると思っています。まず大学３，４年生になると、就職活動に対する情報感度が高まってきます。そこで情報収集をしたり、友人や両親に相談すると、企業への就職が普通であるという思考になってきます。まずは本書の向き／不向きの設問に答えてください。そうすると、雇用労働か個人事業主／起業どちらが向いているかがある程度わかると思います。

雇用労働に向いていると結果が出たり、自分でもそちらのほうが向いていると感じた場合は、通常の就職活動をしてください。会社に就職するための情報は世の中に溢れています。企業の探し方、自分の人生の深堀、適職診断、東京ドームでの合同説明会・・・etc。令和ではメタバース的な就職説明も開かれて地方でも交通費や時間を気にせずに参加できます。この部分は他の書籍のほうが詳しいと思いますので割愛します。

一方、個人事業主／起業に向いていると結果が出たり、自分でもそちらのほうが向いていると感じた場合。まず両親や身近な親類が事業を経営されていてかつ、親類と働くことに抵抗が無い、業種的にも興味がある、場合は、目の前の機会を十分に活用して参画して頂くのがよいと思います。将来的に独立を目指す職種（例えば弁護士／会計士などの士業、美容師や飲食店などの1人親方系）であれば、まずは大手企業や事務所で雇用労働として働いて、5〜10年して独り立ちできそうになったら独立する、のがスムーズなキャリアの道筋かと思います。

一番難しいのは、私もこのタイプなのですが、個人事業主／起業のほうが向いているのだが、特にやりたいことが無いパターン。もしくはやりたいことはあるが、就労経験が無いため収入が得られるかどうか不安なパターン。この場合は、基本的に様々な機会に飛び込んでいくスタイルになります。アルバイト経験を積んで働くイメージを湧かせるのもよいですが、アルバイト先の業種に就くことは比較的少ないと思われます。そこでまずはスタートアップのインターンがお勧めです。スタートアップは、少ない人数で運営しているため、働くことと個人事業主／起業で身につけておきたい経営の視点が学びやすい環境です。色々とサービスはあるのですが、例えば「起業家インターン.com」サービスがあります。起業3年目以内のスタートアップの4か月以上の長期実践型インターンシップが可能です。いくつかのインターンシップを経験する中で、起業家の方から起業に至るお話を聞ける絶好の機会だと思います。また、スタートアップから委託している業務委託（個人事業主や副業）の方がいると思うので、その方と接近して話を聞くとよいと思います。個人事業を概念的に進める方ではなく、実際に個人事業をされている方なので、話や悩みが具体的です。

またもうひとつは、自分で商売をして（アルバイトとして雇ってもらうことではなく）お金を稼ぐことを学生の間に一度やってみる、ことをお勧めします。これを経験することで、リスクを極限に小さくしながらも、経営する感覚が得られます。ここで重要なのは、飯が食える状態になる／儲けられるようになることは二の次で、自分でもできる、何とかなる感覚を得ることです。どうしても学生を卒業するまでは、商売をする体験を積むことは難しいです。インターンよりも少し難易度は上がりますが、実行する価値は大きいと思います。尚、年間収入20万円未満であれば確定申告をする必要もありません。

具体的な低予算のビジネスとは何か、ということですが、「せどり」が最も入り口としては入りやすいかな、と思います。いきなりyou tuberになれとか、一攫千金の投資バイブルのコンテンツを作って情報商材ビジネスをやれ、と言われても普通の方には取り組むのが難しいと思い、せどりを選びました。せどりは、端的にいうと転売です。服・靴、雑貨、家電、ゲーム機、本などを安く仕入れて高く売る、それだけです。スキルや経験はそこまで必要ありません。

本当に儲けるようになるには大変な努力が必要だとは思いますが。モノを仕入れて管理して高く売る、というマーケティングや利益、資金繰りなどの経営の勉強にはもってこいです。今はフリマアプリのメルカリやラクマがありますので、誰でも気軽にできます。尚、自宅の不用品を売るだけならよいですが、事業として行う場合は古物商許可がいりますのでご注意を。

簡単にできる低予算のビジネスとして、クラウドソーシングでのデータ入力やECサイトの商品登録作業、家事代行作業及びフードデリバリー（ウーバーイーツとか）の配達員登録などもあります。これらも個人事業主／起業の事前準備としては好ましいですが、在庫や売上と利益の動きを体得するにはせどりのほうが望ましいと思います。但し、他に好きなこととしてスキルを持っていれば、コンテンツの配信やハンドメイド品の販売なども検討してもよいと思います。

※本書は、確定申告のやり方や個人事業主／起業で生き抜くための指南をするものではありませんので、具体的なやり方／儲け方は別の書籍を参考にしてください。入り口を指し示すものです。

②雇用労働者の場合

次はサラリーマンです。向き／不向きの設問の結果、雇用労働が向いていると判定された場合は、そのまま雇用労働、つまりサラリーマンを続けることが望ましいと考えます。私自身は個人事業主／起業が幸せな働き方としては望ましいと思いますが、個人個人それぞれの特徴／好みがあると思いますのでその感覚を優先されたほうがよいと思います。但し環境によってそう思わされているだけかもしれませんのでご注意を。

最も難しいのは、現在サラリーマンだけれども、個人事業主／起業のほうが向いていると判断された場合。サラリーマンの方は、学生と違い既に雇用されて働いている状況です。職場の人もほとんどが雇用された方であることがほとんどだと思います。この環境の場合、実際に抜け出す労力よりも、同質性が高過ぎて現状維持バイアス（今のままのほうが心地よいとする心理状態）が異常にかかり精神的なハードルが高いことが想定されます。この場合はどうするか。

まずは小さな副業を始めることが最も思いつきやすそうで基本です。学生と違って既に働いている場合は、スキルや人脈、自分の得意／不得意がある程度明確になっている、溜まっているはずです。ですので、コンテンツ配信やコンサルティングビジネス、オンラインサロン、スキルの時間売り、営業代行等ができる可能性が高いと思われます。

もし雇用労働であっても、自分ひとりで独立して飯が食える確信があるのであれば副業などまどろっこしいことをせず、現在の会社を退職してください。とはいえ、本当にやっていけるか不安な場合は、前述したとおり、社会人同士のコミュニティやマッチングサービス、専門スキルの方に聞ける環境が整っておりますので、一度体験談を聞いて不安を払拭してからのほうがよいかもしれません。

さて、小さく副業を始めても、まだ個人事業主／起業には程遠いです。ここでの選択肢としては、本業の隙間時間に行う副業でも幸せを感じているからよしとするか、本業と複業で兼務的に働くのか、独立するのかがあります。独立は先ほどお話したので省きます。隙間時間で副業することに関しては、副業を禁止されていない限り行うことは可能なので、そのまま継続すればよいかと思います。（前述したように、制度的に副業を禁止することは企業側はできません）

本業と複業で兼務的に正社員として働くのは一般的にまだ珍しいので、兼務的な働き方を許容する企業へ思い切って転職するのがまずはよいと思います。今の会社でそういう制度が無い場合、制度が作られるのを待つか人事に直接交渉しに行くことが挙げられます。現在では、正社員を業務委託化する企業も動きとして出てきていますので、まずは業務委託をしてそこから兼務的な正社員を交渉する、というのもアリです。もちろん、業務委託（＝個人事業主／起業）で意外に飯が食えるな、と感じればそのまま過ごすのもありかと思います。

③個人事業主／起業

本書のターゲットとして想定していないため割愛します。ただ、個人事業主／起業になってみたものの、自分の向き／不向きからすると個人事業主／起業が向いていないことがわかったケースもあろうかと思います。この場合、会社を探して就職活動をするというのは、雇用労働→個人事業主／起業のケースと比べて比較的容易だと思います。給料が無くなるリスクから安定的に入るほうへ移るわけですから。このケースでの懸念としては、自分のやり方で仕事を進めてきたが故に、サラリーマンの組織理論に染まれないというものです。9時に出社して部署の全員に挨拶し、上司には報連相、決まった書式で書類を作成。何ひとつ自分の思いどおりにいきません。ここを許容して順応できるかが一番のポイントだと思われます。

第7章

おわりに

いかがでしたでしょうか。私の困難なキャリア生活からヒントを得て書き上げた本書。個人事業主／起業で生き抜くためのコツや、確定申告のやり方、またはサラリーマンのキャリア構築や適職を探すといった本は世の中にたくさんあるため、少し趣向を異にした本が出来上がったと思っております。本書は必ずしも個人事業主／起業を勧めるものではなく、個々人のライフスタイル、考え方に沿った最適な働き方を主体的に選択してほしいというメッセージです。そのイメージが外国人から見て幸福に見えた江戸時代の頃の働き方だったわけです。かくいう私も若い頃は雇用労働の選択肢しかない視野狭窄状態になっていました。働く上でひとつの居場所しか無いのは非常にリスクがあることだ、と感じられるようになったのはつい最近です。教育の現場でも、学校といったひとつの居場所しかないことが子供のいじめ、不登校を助長させていると言います。ビジネスの世界でも、取引先を少数に固めるのではなく、リスクヘッジで複数の先と取引しなさい、と言われます。ビジネスの世界でこう言われているのに、働き方の世界では旧来的なひとつの勤務先が続いています。ここをまず打破する考え方を提示したい思いがありました。更に、令和以降では人生100年時代と言われ、ひとつの会社で人生を終える人は少数派になってくると思われます。そうなると、私が提示する正社員×正社員のスタイルはまだまだ現段階では選択するのは難しいかもしれませんが、将来的に視野に入ってくるものと思われます。

世の中の働き方に関して言うと、成果報酬やジョブ型、同一労働同一賃金などの更なる普及が叫ばれています。但し、現在の日本に単にそのまま導入してもあまりうまくいかず根付かないと思っています。（就業構造の今後の予想のところでまだまだメンバーシップ型の正社員が多数を占める、と論じたように）コンサル経験が長い私から見ると、どうも日本では自らが取り組んでいることはダメで、欧米に習った方がよい、という思想が根底にあるような気がします。欧米も思想をフレームワーク化することに長けているので、お互いの性質が合致しているように見えます。より抽象的に言うと、どこかに正解があり、自分では考えるのが嫌なので正解を教えてほしい、という日本人のスタンス。他人の思想や正解はどこかにあるはず症候群に振り回されず、これからは日本独自の雇用形態や、日本人の特性にあった幸せに向けた働き方が活発に論じられることを望みます。

余談ですが、経済成長に伴って正社員の雇用労働化が進む、という話を本書の中でしましたが、これは国にとっても好ましいことなのです。個人事業主であれば、確定申告は自主申告制なので、虚偽の申請はいけませんが、抜け漏れやグレーゾーンの申請はいくらでもあるわけです。それによって歪んだ申告をされると、税金をとりっぱぐれる可能性が国にとってあるわけです。一方、雇用労働は経理や人事が慣れているので（個人事業主の申告よりも）正確に計算して国に税金を納めてくれます。この収納システムは確定申告なんていう手間暇かかることから解放されるからいいでしょ？　という表向きの側面もあれば、機械的に確実に税金を徴収できる裏の側面もあるわけです。そうすると、高校生や大学生のうちに、英語やプログラミングの授業もいいかもしれませんが、商売や確定申告のイロハを教えるべきではないか、とも思うわけです。

本書を持って、全ての大学生やビジネスマンの働き方に関する悩みを解決できるとは思っておりません。本書を読むだけでなく行動も必要だからです。また現在の令和では制度や価値観、デジタル手段も過渡期の状態です。とはいえ、今後の働き方を考えるきっかけになってくれればと思います。思考停止して雇用労働が普通だ、と考えることがないようになってほしいと思います。私と同じような性格で地獄を味わうことが少なくなるように願って。

最後に、ゼネラル・エレクトリック社の元ＣＥＯで「選択と集中」で有名なジャック・ウェルチの言葉で締めくくります。

Control your own destiny, or someone else will.

己の運命は己で決めなさい、さもなければ誰かに支配されてしまう。

２０２３年５月

ＨＹ

引用／参考文献

主な引用／参考文献一覧

第２章　労働の歴史

武田晴人（２００８年）『仕事と日本人』筑摩書房

小熊英二（２０１９年）『日本社会のしくみ　雇用・教育・福祉の歴史社会学』講談社

大倉幸宏（２０１９年）『１００年前から見た21世紀の日本　大正人からのメッセージ』新評論

三戸公（１９９４年）『「家」としての日本社会』有斐閣

清家篤（２０００年）『定年破壊』講談社

海老原嗣生＋荻野進介（２０１１年）『名著で読み解く　日本人はどのように仕事をしてきたか』中央公論新社

守屋敦（２０１１年）『生き方の教科書『論語』入門』日本経済新聞出版社

杜新（２００１年）『「日本人の労働観」研究の歴史的変遷：その位相と今日的課題』論文

総務省統計局（2022年）『労働力調査』統計資料
戸森麻衣子（2021、2022年）『賃金事情（江戸時代の雇用労働を紐解く第1、6、7回）』産労総合研究所
吉川英一（2015年）『サラリーマンこそ自分株式会社をつくりなさい』ダイヤモンド
森田健司（2021年）『山本七平と「仕事の思想」私たち日本人の「働き方」の源流へ』PHP研究所
数土直紀（2015年）『社会意識からみた日本　階層意識の新次元』有斐閣
山村明義（2013年）『本当はすごい神道』宝島社
歴史の謎を探る会（2012年）『常識として知っておきたい日本の三大宗教』河出書房新社
菊池英貴（2019年）『福岡大学商学論叢（仏教的知識と労働観）』紀要論文
武谷嘉之（2008）『『産業と経済』第22巻第4号　日本人の労働観勤勉の始原と終焉』研究ノート
高橋美穂（2005年）『「働くこと」の意識についての研究の流れと今後の展望』紀要論文
高橋典幸／五味文彦（2019年）『中世史講義　院政期から戦国時代まで』筑摩書房
岡野友彦（2005年）『日本の荘園はなぜ教えにくいのか』学術雑誌論文
大川内直子（2021年）『アイデア資本主義』実業之日本社

石川英輔／田中優子（１９９６年）『大江戸ボランティア事情』講談社
丹野勲（２０１２年）『日本的労働制度の歴史と戦略』泉文堂
中込賢次（２０２０年）『「日本型経営」の雇用システムから日本が見える』日本生産性本部
広井良典（２０１９年）『人口減少社会のデザイン』東洋経済新報社
山﨑圭一（２０１９年）『一度読んだら絶対に忘れない日本史の教科書』ＳＢクリエイティブ
関山直太朗（２０１３年）『近世日本の人口構造』吉川弘文館

第３章　幸福とは

前野隆司（２０１３年）『幸せのメカニズム　実践・幸福学入門』講談社
トム・ラス／ジム・ハーター（２０１１年）『幸福の習慣』ディスカバー21
大石繁宏（２００９年）『幸せを科学する』新曜社
世界価値観調査（https://www.worldvaluessurvey.org/wvs.jsp）
世界幸福度報告（https://worldhappiness.report/ed/2022／）
厚生労働省／国民生活基礎調査（https://www.mhlw.go.jp/toukei/saikin/hw/k-tyosa/k-tyosa21/index.html）
ギャラップ社（２０１７年）『State-of-the-Global-Workplace_Gallup-Report2017』

（https://fundacionprolongar.org/wp-content/uploads/2019/07/State-of-the-Global-Workplace_Gallup-Report.pdf）
コーンフェリージャパン（２０２２年）『future of work』日経BP
石川英輔／田中優子（１９９６年）『大江戸ボランティア事情』講談社
渡辺京二（２００５年）『逝きし世の面影』平凡社
内閣府（２０２２年）『満足度・生活の質に関する調査報告書 2022』（https://www5.cao.go.jp/keizai2/wellbeing/manzoku/pdf/report06.pdf）
経済産業省（２０２２年）『未来人材ビジョン』
（https://www.meti.go.jp/press/2022/05/20220531001/20220531001-1.pdf）
コーンフェリージャパン（２０２１年）『中原敦氏と考える、組織サーベイ・フィードバック』
（https://focus.kornferry.com/wp-content/uploads/2021/03/20210323_%E4%B8%AD%E5%8E%9F%E6%B7%B3%E6%B0%8F%E3%81%A8%E8%80%83%E3%81%88%E3%82%8B%E3%80%81%E7%B5%84%E7%B9%94%E3%82%B5%E3%83%BC%E3-%83%99%E3%82%A4%E3%83%BB%E3%83%95%E3%82%A3%E3%83%BC%E3%83%89%E3%83%90%E3%83%83%E3%82%AF.pdf）

第4章　令和の幸せな働き方

トム・ラス／ジム・ハーター（2011年）『幸福の習慣』ディスカバー21
吉川英一（2015年）『サラリーマンこそ自分株式会社をつくりなさい』ダイヤモンド
NHK放送文化研究所（2020年）『現代日本人の意識構造』NHK出版
広井良典（2019年）『人口減少社会のデザイン』東洋経済新報社
コーンフェリージャパン（2022年）『future of work』日経BP
三原菜央（2018年）『自分らしく働くパラレルキャリアのつくり方』秀和システム
山口周（2020年）『ビジネスの未来』プレジデント
星渉／前野隆司（2020年）『99.9%は幸せの素人』KADOKAWA
原田曜平（2020年）『Z世代　若者はなぜインスタ・TikTokにハマるのか？』光文社
阪本節郎／原田曜平（2015年）『世代論の教科書』東洋経済新報社

第6章　環境変化を踏まえた行動・実践

三原菜央（2018年）『自分らしく働くパラレルキャリアのつくり方』秀和システム
大石繁宏（2009年）『幸せを科学する』新曜社
厚生労働省（2020年）『副業・兼業の促進に関するガイドライン』

(https://www.mhlw.go.jp/file/06-Seisakujouhou-11200000-Roudoukijunkyoku/0000192844.pdf)
トム・ラス／ジム・ハーター（２０１１年）『幸福の習慣』ディスカバー21
コーンフェリージャパン（２０２２年）『future of work』日経BP
斎藤幸平（２０２０年）『人新世の「資本論」』集英社
大川内直子（２０２１年）『アイデア資本主義』実業之日本社
ロイ・バウマイスター／ジョン・ティアニー（２０１３年）『WILL POWER 意志力の科学』合同出版
染谷昌利（２０２０年）『副業力』日本実業出版社
経済産業省（２０２２年）『未来人材ビジョン』
(https://www.meti.go.jp/press/2022/05/20220531001/20220531001-1.pdf)
ベンジャミン・ハーディ（２０１９年）『FULL POWER 科学が証明した自分を変える最強戦略』サンマーク出版

HY
愛知県生まれ。同志社大学経済学部卒。

大学卒業後に、経済に興味があったため、サラリーマンの権化である銀行に就職。集団行動による調和・忖度、ヒエラルキー組織による息苦しさに嫌気が指し、コンサル業界に転身。

適職／憧れと思った戦略コンサルでも、人の感情に配慮しないロジカル地獄を経験し失望。こうした紆余曲折を経て、経営者となる。

経営者になった際に、経営者が自分の根底の価値基準に合った働き方であったことにようやく気づく。

現在も経営者として日々の業務に邁進中。

Twitter：HY | 複眼の事業家 @HY_entrepre

幸せになる働き方選択のススメ　あなたは今の選択に満足していますか？
2023年6月20日　　第1刷発行
著　者―――HY
発　行―――日本橋出版
〒103-0023　東京都中央区日本橋本町2-3-15
https://nihonbashi-pub.co.jp/
電話／03-6273-2638
発　売―――星雲社（共同出版社・流通責任出版社）
〒112-0005　東京都文京区水道1-3-30
電話／03-3868-3275

ISBN 978-4-434-32117-7